AUTOGENES TRAINING

Daniel Wilk

Verlag: Jasmin Eichner Verlag, Gerberstr. 11 - 13
77652 Offenburg
Telefon: 0781/73 50 2

2. Auflage August 1996

Autor: Daniel Wilk
Fotos: Daniel Wilk

Bildnachweis:
S. 35, S. 36: Lehrbuch des autogenen Trainings / Claus Haring
erschienen 1979 im Ferdinand Enke Verlag Stuttgart,
wir danken der freundlichen Genehmigung.

Satz: DMS-Studio Offenburg, 77652 Offenburg
Telefon: 0781/26 33 6

Covergestaltung: Daniel Wilk / Matthias Dorer
Druck: Verlag • Jasmin • Eichner

ISBN 3-929409-32-1

AUTOGENES TRAINING

Ein Weg

VJE

Überblick

A: VORAUSSETZUNGEN

B: DIE ÜBUNGEN

C: DIE PRAXIS

Überblick

Autogenes Training (im folgenden oft mit „AT" abgekürzt) ist für jemanden, der noch kein Entspannungsverfahren erlernt hat, zunächst einmal eine Möglichkeit, den eigenen Körper besser kennenzulernen und bewußt eine Entspannung herbeizuführen. Die Sensibilität für die Vorgänge im Körper und auch für die eigenen Gefühle wird während der Übungen zunehmend gesteigert. Die Fähigkeit, den ganzen Körper und auch einzelne Muskelgruppen gezielt zu entspannen, nimmt von Übung zu Übung zu. Ein weiteres anfängliches Ziel ist es, eine „Entkrampfung" der Gedanken und Gefühle zu erreichen.

Diese Wirkungen werden sich innerhalb der ersten Trainingswochen zunehmend deutlicher zeigen. Weitere, fortgeschrittene Ziele sind dann eine zuverlässige Entspannung im körperlichen und psychischen Bereich auch unter schwierigen Bedingungen, die Möglichkeit, die eigene Gesundheit auch auf einzelne Organe bezogen entscheidend zu verbessern, sowie zu Problemen einen Zugang zu erreichen, der neue Lösungswege eröffnet.

Der vorliegende Text richtet sich sowohl an zukünftige Kursleiter, als auch an Menschen, die das AT lernen möchten. Dabei soll die recht zahlreiche Literaturliste zum Autogenen Training nicht lediglich verlängert werden. Aus der täglichen Anwendung heraus möchte ich versuchen, Wissen zu vermitteln, das das Verständnis für das AT und die Motivation zu konsequenter Übung fördert.

Die Beschreibung von häufig auftretenden Schwierigkeiten soll die Kompetenz von zukünftigen Kursleitern auch im Umgang mit Fragen der Teilnehmer erweitern.

Seitdem ich Autogenes Training lehre, hat sich für mich die Frage der Effektivität meiner Arbeit gestellt. In den Kursen sind immer wieder Teilnehmer gewesen, die schon andere Kurse besucht hatten - oft ohne Erfolg. In den Gesprächen über die Gründe für mangelnde oder fehlende Wirksamkeit wurde mir zunehmend klarer, daß auf die Vermittlung des Verständnisses für die Wirkprozesse zu wenig Wert gelegt wird. Um dieser Erkenntnis Rechnung zu tragen, lege ich einerseits besonders viel Wert darauf, den

Sinn der häufigen Übung zu erklären, nämlich die Entstehung und feste Etablierung von Reflexen, die dann mit hoher Zuverlässigkeit auch unter schwierigen Bedingungen die Entspannung herbeiführen. In diesem Sinne ist es mir wichtig, zu verdeutlichen, wie eng die erwarteten Reaktionen mit der Häufigkeit des Übens auf der einen Seite und den dadurch hervorgerufenen körperlichen Reaktionen auf der anderen Seite verwoben sind - weitgehend unabhängig von der persönlichen Einstellung. Andererseits hebe ich besonders hervor, wie wichtig die Einhaltung bestimmter Voraussetzungen ist, damit die Übungsbedingungen möglichst optimal sind. Schließlich habe ich versucht, praxisnahe Wege aufzuzeigen, auf denen die am häufigsten geschilderten Hindernisse überwunden werden können.

Das erste Kapitel befaßt sich unter anderem mit den Voraussetzungen, den Zielen und den Wirkungen des AT. Der in Kapitel zwei erläuterte Begriff des erworbenen Reflexes soll der Mittelpunkt meiner Erklärungsversuche für Sinn und Wirksamkeit der täglichen Übungen sein.

Physiologische Prozesse und ihre Beziehungen zu psychischen Komponenten sind Thema des dritten Kapitels. Die Anleitung zum Erlernen des Verfahrens finden sie in Kapitel vier. Dort werden auch die für das Erlernen günstigsten Bedingungen beschrieben. Kapitel fünf beschreibt die Formeln im Einzelnen. Formelhafte Vorsätze als Aufbaumöglichkeit finden sich in Kapitel sechs. In Kapitel sieben werden mögliche Schwierigkeiten beim Umgang mit dem AT geschildert. Wie nach Ende eines Kurses das weitere Üben und die Anwendung in der Praxis aussehen sollte, beschreibt das achte Kapitel. Das neunte Kapitel befaßt sich damit, mit Hilfe von Phantasiereisen dem Bewußtsein neue Fenster in die eigene Vorstellungswelt zu öffnen.

Um einem Ermüdungseffekt wegen zuviel Lesestoffs vorzubeugen, habe ich versucht, nur so viel wie nötig zu schreiben. Es liegt mir daran, die Theorie in dieser Anleitung auf jenes Maß zu beschränken, das mir für das Verständnis der Methode unumgänglich scheint.

Es gibt inzwischen einige Versuche, Leserinnen und Leser in Büchern gleichermaßen anzusprechen (Leser/Innen, Leser/-innen usw.). Im Interesse einer möglichst flüssigen Lesbarkeit verzichte ich auf eine solche Schreibart und halte mich statt dessen an die im Sprachgebrauch übliche und einfache Form - selbstverständlich ohne dadurch den Leser der Leserin auf irgendeine Weise vorziehen zu wollen.

A VORAUSSETZUNGEN

1 Allgemeine Voraussetzungen

Der Berliner Mediziner Professor I.H. Schultz entwickelte in den Zwanziger Jahren das Autogene Training. Es ist inzwischen eines der am meisten verwendeten und erforschten Entspannungsverfahren in Europa geworden.

Ausgangspunkt waren seine Erfahrungen mit hypnotisierten Menschen, in denen bestimmte körperliche Veränderungen als Folge tiefer Ruhe offenbar wurden. Diese Begleitphänomene der Entspannung ließ Schultz in Sätze einfließen, die autosuggestiv regelmäßig geübt werden sollten.

Die so entwickelten „Formeln", sollten - immer wieder angewandt - zu einer zuverlässig erreichbaren Entspannung führen.

Diese Formeln nutzen Körpervorgänge, die in jeder Entspannung ablaufen, unabhängig davon, wie die Entspannung zustande gekommen ist.

Es ist nicht wesentlich, ob die Ruhe sich durch Meditation, Yoga, Progressive Muskelrelaxation, durch das allabendliche Zu-Bett-gehen oder durch die lebhafte Erinnerung an einen im Urlaub erlebten schönen Sonnenuntergang einstellt. In jeder Entspannung fühlt der Körper sich schwer und warm an, die Atmung fließt ruhig und gleichmäßig, das Herz schlägt regelmäßig und ruhig, der Bauch ist warm, die Stirn eher kühl.

Diese Erscheinungen beachten wir selten bewußt. Dennoch sind sie - mehr oder weniger stark ausgeprägt -in jeder Entspannung enthalten.

Durch ein Trainieren unter Verwendung der bewußten Wahrnehmung dieser Phänomene können Reflexe ausgebildet werden. Im 2. Kapitel beschreibe ich ausführlich, was Reflexe sind, wo im Alltag sie uns begegnen können und welche Bedeutung sie für das AT haben.

Autogenes Training besteht also aus sechs Formeln, die die Aufmerksamkeit auf bestimmte Körpervorgänge lenken. Durch konsequente Übung und Beachtung der notwendigen Voraussetzungen werden die gewünschten Effekte eintreten.

Im AT, so wie ich es hier beschreibe, werden die sechs Formeln in einer festgelegten Reihenfolge nacheinander erlernt. Diese Reihenfolge wird beim weiteren Trainieren beibehalten.

1.1 Warum nicht ein anderes Entspannungsverfahren?

Es wäre sicherlich vermessen, das AT als das beste aller Verfahren, die eine Entspannung herbeiführen können, zu bezeichnen. Es ist eine Frage auch des Hintergrunds, auf den die im Verfahren enthaltenen Vorstellungen aufbauen. So ist anzunehmen, daß ein streng gläubiger Inder eine größere Nähe zum und mehr Verständnis für Yoga hat. Menschen, die wenig Gefühl für ihren Körper haben und vielleicht auch noch dazu neigen, lieber in körperlicher Aktivität so etwas wie psychische Entspannung zu finden, sind oft leichter mit dem Verfahren der Progressiven Muskelrelaxation nach Jacobson zu einer Entspannung zu leiten. Denkbar wäre auch, einem Menschen, der ängstlich auf sein oft angespanntes Atemverhalten achtet, zunächst mit einem auf seine Atmung bezogenen Verfahren ein Gefühl der Kontrollierbarkeit zu vermitteln.

Aber auch für diese Menschen ist das AT eine mögliche Methode, Ruhe herbeizuführen oder zu vertiefen - sowohl als Alternative, als auch als Kombination oder Erweiterung.

Unsere Art zu leben hat mit Yoga und Meditation recht wenig zu tun. Die ganze religiöse Einbindung des Yoga ist den meisten von uns fremd. Zwar schließt das eine teilweise Nutzung der Methode nicht aus, schränkt jedoch ihren praktischen Wert und unser Verständnis wesentlich ein.

Anders verhält es sich beim AT. Es entstand zunächst auf unserem kulturellen Hintergrund. Völlig unabhängig von jedem Glauben beschränkt es sich auf die Wahrnehmung von stets vorhandenen Körpervorgängen. So können wir - ohne unsere

Glaubensinhalte anzutasten - die Möglichkeiten des AT im Alltag nutzen.

Im Vergleich mit anderen Methoden kann das AT recht unauffällig nahezu zu jeder Zeit und völlig ohne Hilfsmittel eingesetzt werden.

Unabhängig davon, welches Verfahren erlernt wird, wird durch jedes eine Voraussetzung geschaffen, die das Erlernen eines anderen Verfahrens grundsätzlich ganz wesentlich begünstigt.

1.2 Wozu Autogenes Training? Sinn eines Entspannungsverfahrens

In den Kursen wird von einzelnen Teilnehmern nach der ersten Erfahrung mit AT hin und wieder erstaunt berichtet, das was sie nun unter dem Namen „Autogenes Training" kennengelernt haben, hätten sie schon seit langem regelmäßig angewendet. Nach genauem Hinhören stellt sich bei denjenigen, die bisher keinen Kurs für Entspannungsverfahren besucht haben, heraus, daß nicht das AT gemeint ist. Vielmehr legen sie sich - zumeist nach dem Mittagessen - auf ihr Sofa oder Bett und entspannen, indem sie ihre Aufmerksamkeit auf positiv-assoziierte Bilder oder aber auf bestimmte Körperempfindungen lenken. Bilder in diesem Sinne sind oft Urlaubserinnerungen oder Phantasien harmonischer Erlebnisse oder Orte.

Solche Entspannungen mit Hilfe der Vorstellungskraft sind sehr zu befürworten und bereiten auf einen Entspannungskurs vor. Diese Teilnehmer sind schon sensibilisiert für ihren Körper und für den positiven Umgang mit ihm. Deshalb gelingt es ihnen schneller und auch umfassender, die im AT angesprochenen Empfindungen zu spüren. Sie sind auch sicherlich während des Kurses oder nach Kursende besser vorbereitet, um eigene, persönlich stimmige Vorstellungen zu finden, die das spätere Üben bedeutend optimieren können.

Allerdings fehlt bei dieser Art der Entspannung das, was ich als einen der wichtigsten Gründe für das Erlernen eines Entspannungsverfahrens überhaupt ansehe: die Anwendbarkeit in schwierigen Situationen des Alltags. Sie ergibt sich im AT in erster Linie aus der Einübung und stabilen Etablierung von Reflexen. Im Üben ohne spezielle Anleitung mögen solche Konditionierungen zwar auch stattfinden, doch ist das sicherlich nicht die Regel. Und wenn sie doch eingeübt werden, so sind sie meist eher schwach ausgebildet.

Als Voraussetzung für die Entstehung von Reflexen ist eine möglichst regelmäßige Übung immer gleicher Inhalte unabdingbar (s. auch Kapitel 2). Sind die Inhalte der Vorstellungen dagegen wechselnd, so kann sich keine feste Verbindung zwischen tiefer Ruhe und einem Bild, einer Erinnerung oder einem Empfinden einstellen.

Ein Ergebnis der Einübung von Reflexen ist die Sicherheit, immer dann, wenn Sie es dringend brauchen, mit der gewohnten Methode schnell in einen Zustand der Ruhe zu kommen. Die tägliche Entspannung nach dem Mittagessen dagegen mag im Alltag zwar in ihrem Rahmen zuverlässig genug sein, um ohne Störfaktoren in den Schlaf zu führen, in schwierigen Situationen jedoch fehlt die Sicherheit, mit der ein gut etablierter Reflex nun einmal auf seinen Reiz hin die dazugehörige Reaktion zeigt.

1.3 Mögliche Ziele des AT

Die durch Entspannungsverfahren erreichbaren Ziele unterscheiden sich manchmal in hohem Maß von den durch die Teilnehmer angestrebten. Auch ist es wichtig, sich zu verdeutlichen, daß nach einer langen Zeit konsequenter Übung quantitativ aber auch qualitativ andere Ziele erreicht werden können, als in den ersten Kursstunden.

Zu Beginn eines Kurses ist es zweckmäßig, die Erwartungen an das Verfahren auf ein erreichbares Maß zu reduzieren. Die Motivation, einen solchen Kurs zu besuchen, hat sich oft aus den Berichten von Bekannten und Verwandten gebildet, die nicht selten deutliche Verbesserungen eines Leidens erfahren haben.

Sicherlich ist es möglich, daß seit Jahren vorhandene, mitunter quälende Schlafstörungen schon nach wenigen Tagen oder Wochen der Übung eine deutliche Wende zum Besseren erfahren. Andere Erfolgsmeldungen sind vor allem bezüglich langjähriger Durchblutungsstörungen recht häufig. Aber es ist sicher unangebracht, diese Erfolge von Anfang an als möglichst schnell zu erreichende Ziele anzustreben. Denn zum einen bedarf es häufig langer Übungsperioden, bevor diese Veränderungen stattfinden, zum anderen blockiert die (zunächst zu hohe) Erwartungshaltung die Entspannung und dadurch letztlich auch die angestrebte Veränderung.

Als Ziele, die dem Realisierbaren entsprechen und auch weitergehende Verbesserungen im körperlichen und Stimmungsbereich fördern, können eine deutliche Entspannung schon nach ein bis zwei Wochen und eine spürbar bessere Körperwahrnehmung im gleichen Zeitraum erwartet werden. Sind diese „Etappenziele" einmal erreicht, dann haben Sie eine gute Ausgangsbasis für darauf aufbauende Ziele.

1.4 Die Bedeutung des Glaubens

Es kommt immer wieder vor, daß das AT von Teilnehmern abgelehnt wird, weil sie nicht an seine Wirksamkeit glauben.

So höre ich häufig, daß es nötig sei, daran zu glauben, damit es wirke. Dagegen war bald festzustellen, daß ein Glaube zwar helfen kann, indem er entspannend wirkt und so manche mentale Barriere gar nicht entstehen läßt. Aber dieser Glaube ist keineswegs eine unbedingte Voraussetzung.

Der Einfluß des Glaubens auf das AT kann zusammengefaßt werden:

> *Wenn Sie an das Verfahren glauben, es aber nicht üben, werden Sie keine Wirkung spüren. Üben Sie dagegen in der beschriebenen Weise, werden Sie das AT erlernen, auch wenn Sie an einen Erfolg nicht glauben.*

Anderen verbietet ihr - religiöser - Glaube die Teilnahme an solch einer „Bewußtseinsveränderung". Sie befürchten eine Beeinflussung Ihres Gedankengutes in einer Weise, die ihrem Seelenheil gefährlich werden könnte. Manche Glaubensgemeinschaften untersagen ihren Mitgliedern denn auch jegliche Beschäftigung mit derartigen Techniken.

Tatsächlich verändert das AT in keiner Weise irgendwelche religiösen Inhalte. Der Sinn des hier beschriebenen Verfahrens besteht nicht in der Beeinflussung des religiösen Bewußtseins. Die Anwendung des AT führt im Gegenteil eher hin zu einer lebensbejahenden, der Natur - und somit der Schöpfung - zugewandten Einstellung.

Allerdings werden durch die vermehrte Ruhe Persönlichkeitsanteile gestärkt, die dazu veranlassen können, den Sinn mancher religiöser Vorschriften zu hinterfragen. In diesem Sinne aber könnte der religiöse Glaube nur dann gefährdet werden, wenn er den die Gesundheit fördernden Bedürfnissen des Körpers widersprechen würde.

Ein Beispiel dafür ist das Problem der Abhängigkeit. Manche Glaubensgemeinschaften unterstützen bei ihren Mitgliedern ganz gezielt deren Abhängigkeit von der Gruppe. Hier wird dann auch gesunder kritischer Menschenverstand z.T. regelrecht unterdrückt. Dagegen wird die enge, unkritische Bindung an die Gemeinschaft als von Gott gewollt deklariert. Das AT fördert aber eine Reduktion der Abhängigkeit, indem der Selbstheilungstendenz des Menschen durch die immerwiederkehrende Ruhe und deren Folgen die Möglichkeit gegeben wird, die eigene Selbstsicherheit zu festigen und auszubauen. So kommt es immer wieder vor, daß ein Mensch sich aus seiner Abhängigkeit löst, nachdem seine Persönlichkeit sich -vielleicht auch mit Hilfe des AT- weiterentwickelt hat und er feststellt, daß die bisher Sicherheit und Geborgenheit vermittelnde Gruppe nun ein Gefühl der Unfreiheit und Einengung hervorruft.

Keineswegs möchte ich behaupten, daß alleine AT einen abhängigen Menschen von einer Sucht befreien kann. Aber es kann sehr viel dazu beitragen.

1.5 Entspannung als Nährboden für eine gesunde Lebensweise

Ein Kollege bezeichnete vor einiger Zeit das AT als ein „Wunder-Verfahren", das zur Heilung jeglichen Leidens einzusetzen sei. Damals habe ich diese Äußerung als Spott aufgefaßt. Trotzdem näherte er sich damit meiner Einschätzung: Zwar sehe ich Entspannung nicht als ein in jeder Situation anwendbares Allheilmittel, aber in mir hat sich in den Jahren des Umgangs mit dem AT die Überzeugung herausgebildet, daß regelmäßige, möglichst mehrmals täglich hervorgerufene tiefe Entspannung (gleichgültig, ob durch das AT oder durch andere Verfahren induziert) die beste **Voraussetzung** für jegliche Heilungsprozesse im Körper darstellt.

Wir werden von Kindheit an gelehrt, in einer bestimmten Weise mit unserem Körper umzugehen. Dabei wird der Gesundheit nicht die erste Priorität zugewiesen. Wer kennt sie nicht diese „Elternsätze": „Jetzt reiß' Dich mal zusammen." oder „Schaff' erst mal was, jammern kannst Du später." „Denke nicht daran (an die Beschwerden), arbeite einfach weiter, dann geht es schon vorüber."

Diese und ähnliche Aufforderungen hören fast alle Kinder von ihren Eltern. Auch wenn wir die Reife zur Selbstbestimmung mit unserem Eintritt in das Erwachsenenalter erreicht haben, ist es nicht anders. Auch dann werden wir immer wieder aufgefordert, den Zielen, die unabhängig von unserer körperlichen und psychischen Integrität existieren, Vorrang einzuräumen vor dem gesunden Funktionieren der eigenen Person.

Lebensziele, die uns als erstrebenswert bezeichnet werden, können sein: die Anhäufung von materiellen Gütern (ein Haus bauen, ein besseres Auto fahren, angepaßte Kleidung tragen, ein finanzielles Polster haben), ein guter Ruf (strebsam, fleißig, erfolgreich im Beruf).

Solche Ziele haben in unserer Lebensplanung einen sehr hohen Stellenwert. Sie werden oft mehr geschätzt, als eine gesunde Lebensweise. Gesundheit gilt als selbstverständliche Voraussetzung, Krankheit darf einfach nicht sein, denn sie könnte unsere

Ziele, unseren sozialen Status in Frage stellen. Leben in Harmonie mit dem Körper oder gar mit der Natur insgesamt wird als weniger wichtig eingestuft. Menschen, die in unserer sozialen Umgebung den Einklang mit dem gesunden Funktionieren unseres Körpers in unserer natürlichen Umgebung suchen, werden oft als etwas weltfremde Außenseiter betrachtet. Dabei wird völlig mißachtet, daß wir ganz direkt von unserer Gesundheit abhängig sind. Die Gesundheit wiederum ist unmittelbar vom Zustand der Natur und unserer Nahrungsmittel abhängig. Seltsamerweise wird in diesem Punkt der Wissenschaft wenig Glauben geschenkt. Denn im Wesentlichen sind sich die kompetenten Wissenschaftler hier doch einig.

Was aber hat unsere Umwelt mit AT zu tun?

Durch die regelmäßige Anwendung eines Entspannungsverfahrens wird sich das Bewußtsein für den eigenen Körper verändern. Rückt der Körper häufiger in den Brennpunkt der Aufmerksamkeit, dann wird er wichtiger. Die häufige Aufmerksamkeit auf die eigene Person läßt die Körperfunktionen bewußter werden und sie gewinnen im positiven Sinne an Bedeutung.

Im Alltag denken wir meist nur dann an unseren Körper, wenn er uns Schwierigkeiten bereitet. Im Mittelpunkt unserer Gedanken stehen andere, oben beschriebene Dinge. Durch häufiges Üben aber vermehrt sich zunächst die Zeit, die wir unserem Körper schenken. Dadurch denken wir mehr über ihn und sein Funktionieren nach und wir spüren uns zunehmend differenzierter. Also nicht als eine Masse, die eben so und so funktioniert, sondern als das Zusammenspiel verschiedener Organe, die sich ganz verschieden anfühlen können. Auf diesem Wege werden auch Beschwerden und deren mögliche Ursachen wichtiger. Und daraus entwickelt sich ganz natürlich der Wunsch, Beschwerden zu reduzieren.

Durch die während regelmäßiger Übungen entstehende größere Bewußtheit für Körpervorgänge und die möglichen Ursachen für Beschwerden entsteht der Wunsch, den Körper zu schützen. Als Folge kann sich ein Streben nach harmonischer Eingliederung in die Umgebung entwickeln. Mit der Konsequenz, daß weniger gedankenlos Raubbau getrieben wird an körpereigenen und außerhalb des Körpers liegenden Energiequellen und so im Interesse der eigenen Existenz der Ast gepflegt wird, auf dem wir sitzen.

1.6 Was kann das AT auf körperlicher und psychischer Ebene bewirken?

Die einzelne Übung beruhigt Körper und Psyche. Spannungen in der Muskulatur lösen sich fühlbar. Bereits aufgebauter Stress wird reduziert und zukünftige Belastungen werden lockerer angegangen.

Auf physiologischer Ebene können dementsprechend beobachtet werden:

- Verlangsamung und Gleichmäßigkeit der Atmung,
- Reduktion des Sauerstoffverbrauchs,
- eine verringerte Adrenalinausschüttung,
- eine geringere Herzfrequenz und Gleichmäßigkeit der Herztätigkeit,
- geringere Anspannung der Skelettmuskulatur

Nach einer längeren Zeit der regelmäßigen Übung können weitergehende Besserungen in vielen Bereichen eintreten:

- Reduktion von Schlafstörungen,
- ein zu hoher Blutdruck kann sich dem Normbereich annähern,
- Magen- und Darmgeschwüre können in ihrer Heilung deutlich unterstützt werden,
- Asthma bronchiale kann sich bessern.

Auf psychologischer Ebene nähert sich der Übende einem Bewußtseinszustand an, wie er vor jeder Schlafphase durchschritten wird: Gedanken kommen und gehen unkontrolliert und „leichtfüßig", des gleichen Bilder, die Träumen ähneln können, es wird eine tiefe Ruhe empfunden, die mit einem allgemeinen Wohlbefinden einhergeht. Zunächst fühlt der Körper sich schwer an. Diese Empfindung verändert sich jedoch häufig recht bald zu dem Gefühl einer Leichtigkeit. Die Begriffe „Schweben", „Fliegen" fallen oft. Glieder „gehen“ der bewußten Wahrnehmung „verloren“. Die Zeit kann subjektiv als verlangsamt oder beschleunigt erlebt werden.

Zu Beginn des Kurses sind die Formelinhalte vorwiegend während des Trainings und noch eine kurze Zeit nach der Übung zu spüren. Bei regelmäßigem Training ist nach wenigen Wochen zu bemerken, daß die Wirkungen länger anhalten. So wird der Trainierende insgesamt ruhiger, seine Konzentration und sein Gedächtnis verbessern sich, er fühlt sich selbstbewußter und -sicherer.

Teilnehmer erzählen häufig, daß sie selbständiger und von anderen unabhängiger werden. Eine erweiterte Erkenntnis der eigenen Fähigkeiten wird möglich, sowie ihre bewußte Nutzung. Wünsche und Ziele werden konsequenter verfolgt und auf eher kreativen Wegen realisiert. Ängste und depressive Verstimmungen können nachlassen oder sogar verschwinden. In gleichem Maß gehen destruktive, auch autodestruktive Gefühle und Tendenzen zurück. Die Immunabwehr ist in der Entspannung verbessert.

Tiefe Entspannung, verbunden mit formelhaften Vorsätzen (siehe Kapitel 6), kann psychotherapeutisch wirksam werden. Entspannung, die eingesetzt wird, um Ängste systematisch abzubauen, ist ein bewährtes Hilfsmittel psychotherapeutischer Verfahren. Formelhafte Vorsätze können - bei regelmäßiger Anwendung - die Selbstheilungstendenz des Körpers wesentlich unterstützen.

Einige Autoren raten dazu, Menschen mit psychotischen Erkrankungen von der Kursteilnahme auszuschließen. In meinen Kursen konnten Patienten mit depressiven Erkrankungen durch das Training Entlastung erfahren. Meine Erfahrung mit Patienten, die eine schizophrene Diagnose haben, ist sehr gering, aber durchwegs positiv. Es sollte jeweils im Einzelfall vor und während des Kurses geprüft werden, ob eine Teilnahme sinnvoll ist.

Die andere Gruppe, die nach Meinung einiger Autoren nicht oder nur eingeschränkt teilnehmen sollte, sind Menschen mit einer Herzkrankheit. Auf die Frage, ob die letztgenannten meines Erachtens tatsächlich ausgeschlossen werden sollten, gehe ich in Kapitel 7 ausführlich ein.

1.7 Das Erlernen des AT aus einem Buch oder besser unter Anleitung?

Erfahrungsgemäß fällt es sehr schwer, das AT aus einem Buch zu lernen, ohne die fachlich - kompetente Anleitung eines Übungsleiters. Es ist ein hohes Maß an Disziplin dazu notwendig, über eine längere Zeit aus eigenem Antrieb das Buch durchzuarbeiten und die beschriebenen Übungsvoraussetzungen zu erfüllen. Viele Fragen können dabei aufgeworfen werden, die von einem Buch vielleicht nur mangelhaft oder gar nicht beantwortet werden.

Neben der kompetenten Anleitung durch den Übungsleiter hat das Erlernen in einer Gruppe weitere wichtige Vorteile:

- **Motivation**

Der regelmäßige Besuch des Kurses (meist einmal pro Woche) erinnert an die Notwendigkeit der Übung. Ein gewisser Druck mag entstehen, in der nächsten Kursstunde nicht zugeben zu müssen, die Hausaufgaben versäumt zu haben. Über diesen Weg kann zumindest für die Dauer des Kurses eine gewisse Regelmäßigkeit der Übung erreicht werden.

Die geschilderten Erlebnisse der anderen Teilnehmer können Beispielfunktion haben. Ein Teilnehmer, der z.B. in der dritten Stunde noch immer keine Schwere spürt, hat auch bei anderen Teilnehmern miterlebt, daß manche Empfindung etwas später wahrgenommen wird. Diese Beobachtung kann es ihm erleichtern, weiter zu üben und nicht frustriert aufzugeben, mit dem Gedanken „Ich bin eben anders, bei mir klappt das nicht“.

Der eigentliche Sinn der Gruppe ist das Erlernen des AT und die gemeinsame Übung. Die Gruppe lenkt so die Konzentration auf ihren Zweck und fördert die Motivation auch auf diese Weise.

Es besteht eine mehr oder weniger stillschweigende Übereinstimmung der Mitglieder, die innerhalb der Kursstunde geführten Gespräche auf die das Thema betreffenden Inhalte zu reduzieren.

Daraus folgt eine geringere Ablenkung durch andere Dinge, die ansonsten im Alltag einen größeren Aufmerksamkeitswert besitzen.

- **Kontrolle loslassen**

Es ist sehr angenehm, sich ein Stück weit treiben lassen zu dürfen, und in dieser Zeit den Gruppenleiter für sich arbeiten zu lassen. Hier wirkt die Kraft der Fremdsuggestion. Voraussetzung dafür, daß ich als Einzelner annehmen kann, was mir vorgesprochen wird, ist allerdings ein gewisses Vertrauen zur Person des Leiters, und auch in die Kompetenz desjenigen, der mir Antworten auf meine (manchmal ängstlich getönten) Fragen geben können muß.

- **Erfahrung und Akzeptanz der eigenen Individualität**

Es ist häufig zu beobachten, daß die Wärme vor der Schwere gespürt wird. Manche Phänomene lassen auch bis in die letzten Kursstunden auf sich warten. Für den einen ist das Empfinden einer ruhigen Atmung das Erlebnis der Ruhe schlechthin, die Nachbarin kann vielleicht auch nach Kursende noch keine bewußte Veränderung der Atmung schildern. Diese Verschiedenheiten im Körper-Erleben der Einzelnen ermutigen, die eigene Individualität nicht nur zu sehen, sondern zunehmend auch zu akzeptieren. Auf diesem Weg kann gelernt werden, die individuellen Eigenheiten als Stärke und weniger als Schwäche anzusehen: Durch die bei den anderen Mitgliedern erlebte Verschiedenartigkeit der Empfindungen kann der Einzelne seine eigenen Abweichungen von der „Norm“ besser akzeptieren.

Dagegen kann durch das Erlernen anhand eines Buchtextes leichter der Eindruck entstehen, daß all die geschilderten Empfindungen in gleicher Intensität und „rechtzeitig“ eintreten müssen, damit es „richtig“ funktioniert.

Trotz dieser Vorteile einer Gruppe versuche ich den Text so aufzubauen, daß er als möglichst gute Anleitung dienen kann. Für manche Berufsgruppen ist der Besuch eines Kurses zu festgelegten Zeiten nicht oder nur unter großen Schwierigkeiten möglich. Dazu zählen insbesondere Schichtarbeiter. Aber auch kranke oder behinderte Menschen haben vielleicht keine andere Möglichkeit dieses Entspannungsverfahren zu erlernen.

Daneben kann ein Buch durchaus sinnvoll zur Vorbereitung auf einen Kurs dienen. Aber auch beim gleichzeitigen Durcharbeiten während des Kurses kann es das Verständnis fördern, bzw. Fragen beantworten und auch schon einmal eine versäumte Kursstunde ersetzen. Und schließlich kann in einem Buch nach Ende eines Kurses nachgelesen werden, was vergessen oder nicht ganz verstanden wurde.

Falls Sie nach diesem Text arbeiten wollen, befolgen Sie bitte die Anleitung in Kapitel fünf.

2 Reflexe

In den vergangenen Jahren habe ich immer wieder erfahren, daß viele Menschen in dem Maße bereit sind, sich für etwas zu engagieren, in dem für sie auch verstandesmäßig ein Ergebnis erklärbar und vorhersehbar ist. Weil dieses Kapitel die Wirkweise des AT verständlich werden läßt, halte ich es für sehr wichtig.

In der Psychologie wird zwischen sogenannten konditionierten und unkonditionierten Reflexen unterschieden. Die unkonditionierten Reflexe bekommen wir vererbt. Sie sind kaum durch den Willen beeinflußbar und verlaufen in unbewußten Prozessen des Körpers. Konditionierte Reflexe werden im Laufe des Lebens erlernt und erleichtern häufig den Alltag ganz entscheidend.

Beiden Arten ist gemeinsam, daß sie - durch einen Reiz ausgelöst - immer die gleiche, mit diesem Reiz verbundene Reaktion zeigen. Der wesentliche Vorteil eines solchen Reiz-Reaktions-Geschehens liegt in der Geschwindigkeit, in der es abläuft. Der auslösende Reiz muß nicht erst in das Bewußtsein gemeldet und von dort genehmigt werden, sondern allein seine Existenz (Auftreten) genügt zur Auslösung der Reaktion.

Das Fehlen einer Wahlmöglichkeit beschleunigt diesen Vorgang ebenfalls. Fliegt beispielsweise eine Mücke auf Ihr geöffnetes Auge zu, so zieht das Gehirn nicht etwa in Erwägung, evtl. mit der Hand oder gar einer Fliegenklatsche der Gefahr beizukommen, sondern es wird auf jeden Fall das Lid geschlossen und somit der Zugang zum Auge versperrt. Begegnen Sie einer solchen Gefahr für die Gesundheit Ihres Auges öfters, wird das Großhirn vielleicht das Tragen einer Schutzbrille anordnen, der Reflex wird dadurch aber keineswegs ausgesetzt. Auch wenn Sie hinter einer sicheren Glasscheibe stehen und etwas bewegt sich auf Ihr Auge zu, wird der Reflex ausgelöst. Selbst wenn Sie wissen, daß er unnötig ist, weil eine Mücke nunmal gegen eine Scheibe aus Glas wenig Chancen hat, kann der Reiz die Schutzreaktion wieder auslösen.

Unser Alltag wird durch die Wirksamkeit einer großen Zahl erlernter Reflexe überhaupt erst bewältigbar. All die einfachen und komplexen Handlungen, die wir mit einer gewissen Häufigkeit und/oder Regelmäßigkeit tun, gehen überwiegend ohne bewußte Planung und ohne Beteiligung des bewußten Denkens von den Händen.

Das beginnt schon etwa bei unserem morgendlichen Griff zur Zahnbürste oder zum Handtuch, zur Seife, usw. Der Ablauf jeglicher Handlung wird nach einer gewissen Zeit der Einübung durch den unbemerkten Aufbau von Reflexen erleichtert und ganz wesentlich beschleunigt.

Wenn Sie sich an die Zeit erinnern, zu der Sie das Schreiben lernten, so sehen Sie sich vielleicht in einer Schulbank oder bei der Hausarbeit sitzen und mehr oder weniger mühevoll Buchstaben malen. Heute schreiben Sie seit langem, ohne groß darüber nachzudenken, wie die einzelnen Buchstaben geschrieben werden („...links unten anfangen, dann schräg nach oben rechts, von dort einen halben Bogen, wieder zurück, in der anderen Richtung den Kreis schließen, in einer Geraden an der rechten Seite von oben nach unten und nach rechts in einem Bogen auslaufen lassen.") So könnten die Gedanken aussehen, die das Schreiben eines „a" kommentieren, wenn man es über bewußtes Denken lenken müßte. Das a ist nur einer von vielen Buchstaben die Sie im Laufe der ersten Jahre Ihrer Schulzeit erfolgreich eingeübt haben. Neben den Buchstaben gibt es aber auch noch viele Zahlen.

Andere alltägliche Beispiele lassen sich bei Tätigkeiten, die ebenfalls komplex aus vielen Einzelreflexen zusammengesetzt sind, beobachten, wie beim Fahrradfahren, Schlittschuhlaufen, einen Tisch decken, Wäsche aufhängen, usw. Ich weiß nicht, wie gut Sie sich an Ihre erste Fahrstunde im Auto des Fahrlehrers erinnern. Wie schwierig die Koordination der vielen erforderlichen Bewegungen zunächst war. Es mußte an so vieles gedacht werden. Wie weit die Kupplung herausgelassen werden durfte, wieviel Gas Sie gleichzeitig geben mußten. Die Gänge mußten gesucht werden. Und da waren noch die Ampeln, die Verkehrsschilder, die Fußgänger und die anderen Autofahrer. Heute dagegen denken Sie an irgendetwas anderes, während die eingeübten Reflexe dafür sorgen, daß Sie anhalten, wenn die Ampel rot ist und weiterfahren, wenn sie umschaltet. Das bewußte Koordinieren all der notwendigen Handlungen ist nun nicht mehr nötig.

Unterbrechungen in diesen Abläufen entstehen nur, wenn die vorhandenen Reflexe gestört werden. Wenn Sie beispielsweise in ein Auto umsteigen, in dem die Bedienelemente anders angeordnet sind, oder gar die Gangschaltung eine andere ist. Wenn etwas so unwichtiges wie die Zahnbürste nicht an der gewohnten Stelle steht, wird sie wichtig und Sie erhalten Gelegenheit, festzustellen, wie wenig Sie sonst darüber nachdenken müssen.

Die konditionierten (erworbenen) Reflexe sind also nicht angeboren, sondern sie werden im Laufe des individuellen Lebens (meistens unbewußt) erlernt. Registriert werden sie in der Alltagssprache als Handlungsabläufe, die „automatisch" funktionieren. Das heißt im allgemeinen, daß eine Tätigkeit immer wieder ausgeübt wird, wobei wir alle die Erfahrung gemacht haben, daß sie immer besser „von der Hand geht", je häufiger wir sie tun - bis zu einer gewissen Grenze.

Es wird in jedem einzelnen Fall eine Verbindung zwischen auslösendem Reiz und der darauf folgenden Reaktion hergestellt. In der Psychologie wird der Vorgang, in dem die erworbenen Reflexe eingeübt werden, „Klassische Konditionierung" genannt. Es gibt eine Formel, die die Beziehung zwischen Auslöser und Reaktion deutlich abbildet:

$$S \rightarrow R$$

S = auslösender Reiz (=Stimulus)
R = Reaktion

Ein auslösender Reiz ruft eine bestimmte Reaktion hervor. Je häufiger der Reiz zusammen mit der Reaktion verbunden wird, desto zuverlässiger löst der Reiz diese Reaktion aus.

Dieser Zusammenhang besteht auch in schwierigen Situationen, falls die Verbindung zwischen beiden fest genug ist. Das wiederum hängt fast vollständig davon ab, wie regelmäßig und häufig Reiz und Reaktion zusammen auftraten.

Das wohl bekannteste „Opfer“ der Experimentierfreudigkeit der Wissenschaftler auf diesem Gebiet ist Pawlows Hund. Wie jeder normale Hund reagierte auch dieser auf das Sehen oder Riechen von Futter mit erhöhter Speichelsekretion. Pawlow bot nun mit der Gabe von Futter gleichzeitig den Ton einer Stimmgabel an. Nach einer ausreichend häufigen gleichzeitigen Darbietung genügte schließlich der Ton der Stimmgabel, um den Speichelfluß auszulösen.

Der angeborene Reflex, der den Geruch des Futters als Reiz und den Speichelfluß als Reaktion hatte, wurde benutzt, um einen anderen Reflex zu erlernen. Der erlernte Reflex bestand nun aus dem Reiz des Tones und der Reaktion der Speichelsekretion.

Kurz zusammengefaßt kann der Vorgang in Symbolen abgebildet werden:

REIZ		REAKTION
Geruch des Futters	→	Speichelsekretion
Geruch des Futters + Ton	→	Speichelsekretion

Der Ton wird also eine Zeit lang jeweils dann dargeboten, wenn Futter angeboten wird. Dadurch entsteht im Gehirn des Hundes eine immer fester werdende Verbindung zwischen dem Geruch des Futters und dem Ton der Stimmgabel. So genügt es nach einiger Zeit, lediglich den Ton anzubieten, um den Speichelfluß auszulösen:

Ton → Speichelsekretion

Auf das Autogene Training angewandt bedeutet das:

REIZ	→	REAKTION
Entspannung	→	Tiefe Ruhe mit intensiver Körperwahrnehmung
Entspannung + Vorstellung	→	„

Das Training hat den gleichen Effekt wie das häufige gleichzeitige Darbieten von Futter mit dem Ton der Stimmgabel. Nur ist bei uns nicht etwa Speichelfluß das Ziel, sondern eine tiefe Entspannung, verbunden mit all ihren positiven Konsequenzen.

Bieten wir die Vorstellungen, die innerhalb der Formeln genannt werden, häufig genug gleichzeitig mit der Entspannung dar, so löst irgendwann die Vorstellung alleine eine tiefe Ruhe aus:

Vorstellung → Tiefe Ruhe mit intensiver Körperwahrnehmung

Dieser Effekt beschränkt sich nun nicht nur auf die Ruhe. Im Verlauf des AT werden Sie auch für die Wahrnehmung des Körpers im positiven Sinne empfindlicher. Sie lernen, die Schwere, die Wärme, die Herz- (Puls-) und Atemtätigkeit, die Wärme des Bauches und die Kühle der Stirn zu spüren.

Zusätzlich entstehen aber auch Reflexe zwischen der Wahrnehmung beispielsweise des Bauches und der Ruhe. Da der Bauch seiner Bestimmung entsprechend funktioniert, wenn wir ihm die nötige Ruhe als Voraussetzung bieten, führt das Richten der Aufmerksamkeit auf die Wärme im Bauch zum Nachlassen von vorhandenen Beschwerden.

Äquivalent gilt dieses Prinzip für jede einzelne Formel, die eingeübt wird. Auch für Formelhafte Vorsätze (siehe Kapitel 6).

Nachdem die Verbindung zwischen Reiz und Reaktion innerhalb einer gewissen Zeit häufig genug eingeübt wurde, wird durch eine Aktivierung dieser Reflexe zuverlässig eine weitreichende Entspannung des Körpers bewirkt.

3 Die sogenannte „Umschaltung“

Der Begriff der „Umschaltung“ bezieht sich auf einige körperliche Veränderungen, die den Wechsel von Anspannung zu Entspannung begleiten.

Im Zusammenhang mit dem AT wird der Begriff „Umschaltung“ benutzt, um ein Ziel der Übungen zu bezeichnen: die Umschaltung von Aktivität (Anspannung) zu gelassener Passivität (Entspannung), mit allen positiven körperlichen und psychischen Begleiterscheinungen.

Die folgende Darstellung ist stark vereinfacht, sie soll die zugrundeliegenden physiologischen Prozesse nicht erschöpfend beschreiben, sondern ein grob beschreibendes Gerüst liefern.

Die Steuerung der Umschaltung erfolgt über das Nervensystem. Hier sind zwei Bestandteile des Vegetativen Nervensystems wichtig, zum einen der Sympathikus, der hauptsächlich für Anspannung verantwortlich ist und umso passiver wird, je mehr die bewußte Spannung nachläßt. Dagegen wird der Parasympathikus umso aktiver, je entspannter der Körper insgesamt wird.

Beide Teile arbeiten zusammen und ergänzen sich. Überwiegt der Sympathikus, so ist der Körper auf Aktivität ausgerichtet. Eine gelungene Entspannung zeigt sich in einer zunehmenden Umschaltung auf ein parasympathisches Übergewicht. Dagegen behindert alles die Ruhe, was eine sympathische Dominanz fördert (s. Kapitel 4.2).

Das Verhältnis zwischen den beiden Antagonisten kann auch durch Gedanken und Gefühle verändert werden. Ängste signalisieren dem Organismus eine Bedrohung seiner Integrität. Seine sehr sinnvolle Antwort ist eine Mobilisierung des Körpers über den Sympathikus, um ihn verteidigungsbereit zu machen. Dazu wird der Blutdruck erhöht, die Atem- und Herzfrequenz steigen, die Durchblutung der inneren Organe und der Haut wird gedrosselt, die Spannung der Muskulatur steigt, die Durchblutung des Gehirns wird erhöht. Das entspricht also genau dem Gegenteil dessen, was wir im AT erreichen möchten.

Das bedeutet, daß während der Übung auftretende Ängste zu einer Behinderung unserer Ruhe führen müssen. Genauso verhält es sich mit Wut, Ärger, Schmerzen, Tatendrang, Gedanken an etwas Unerfreuliches, usw. Aber auch erfreuliche Gedanken können den gleichen anspannenden Effekt zeigen. Wenn beispielsweise ein langersehntes Ereignis unmittelbar bevorsteht, kann es auch sehr schwer fallen, den für die Entspannung nötigen Abstand zu gewinnen.

4 Voraussetzungen zum Erlernen

Einige Bedingungen müssen erfüllt werden, damit die Einübung der in Kapitel 2 beschriebenen Reflexe reibungsarm ermöglicht wird. Je besser die folgenden Hinweise beachtet werden, desto eher kann mit Fortschritten in der erhofften Weise gerechnet werden.

4.1 Übung

Wie aus den Ausführungen in Kapitel 2 hervorgeht, ist Übung die wichtigste Voraussetzung überhaupt, um das AT zu erlernen. Ohne Übung ist kein Lernerfolg möglich. Aber es ist ebenso kaum möglich, das AT nicht zu erlernen, wenn in der Weise geübt wird, wie hier beschrieben. Das ergibt sich daraus, daß nicht etwas völlig neues eingeübt werden muß, sondern lediglich schon immer vorhandene und bisher selten und eher unregelmäßig wahrgenommene Empfindungen bewußt mit der Entspannung verknüpft werden.

Im besten Fall üben sie ein bis drei mal täglich. Drei bis vier Minuten Dauer pro Übung sind zunächst ausreichend, zumal wenn Sie wenig oder noch gar nichts spüren. Wenn es allerdings funktioniert und die Übung Spaß macht, können Sie beliebig lange damit fortfahren.

Eine der besten Voraussetzungen für eine Stetigkeit in der Übung ist das Einhalten fester Trainingszeiten. Viele Menschen nehmen sich beispielsweise nach dem Mittagessen ohnehin etwas Zeit, um sich auszuruhen. Wenn Sie dabei Autogenes Training anwenden, entspannen Sie nicht nur für den Moment tief, sondern Sie festigen gleichzeitig die Reflexe, die in schwierigen Situationen so zuverlässig zur Ruhe und Distanz von den Alltagsbelastungen führen.

Wenn Sie nach dem Mittagessen üben, können Sie sich von den Anstrengungen des Vormittags leichter distanzieren und gehen mit neuen Kräften in den Nachmittag. Vor oder nach dem Abendessen ist auch eine gute Zeit, um etwas Abstand von den Pflichten und Anstrengungen des Tages zu gewinnen. Sehr selten berichten ehemalige Teilnehmer von regelmäßigen morgendlichen Übungen. Die Angst, ungewollt wieder einzuschlafen hindert einerseits, andererseits werden auch die Gedanken an die Pflichten des Tages als störend empfunden. Wenn der Tag allerdings mit AT begonnen wird, so kann der dadurch gewonnene gedankliche Abstand als wertvolle Hilfe zur Ordnung der Wichtigkeit der Dinge empfunden werden. Der Tag wird dadurch klarer gesehen. Eine realistische Planung wird erleichtert. Weniger Stress ist die Folge.

Der wohl häufigste Übungszeitpunkt ist die Zeit vor dem Einschlafen. Dabei sollten Sie darauf achten, sich nach der Übung nicht mehr anzuspannen, weil Sie dadurch frischer werden würden und der Schlaf sich von Ihnen entfernen würde. Sie sollten sich auch bewußt sein, daß Sie Müdigkeit an das AT binden, wenn Sie **ausschließlich** vor dem Einschlafen üben.

4.2 Günstige Ausgangsbedingungen

Immer, wenn irgendeine Tätigkeit oder ein Verhalten neu eingeübt wird, sind wir zunächst leicht störbar. Beispielsweise würde es einem Fahrlehrer nicht einfallen, die erste praktische Fahrstunde gleich in dichtestem Feierabendverkehr abzuhalten. Die Fahrschüler würden wohl kaum ein zweites Mal zu diesem Lehrer gehen. Ähnlich verhält es sich mit dem Fahrrad-fahren. Zuerst geht es nur mit der helfenden Hand oder mit Stützrädern und auch nicht in schwierigem Gelände. Das Schwimmen-lernen und das Schreiben-lernen sind weitere Beispiele.

Übertragen auf Entspannungsverfahren bedeutet dies, daß zu Beginn ein möglichst ruhiger Raum aufgesucht werden sollte, in dem kein grelles Licht Sie stört. Unter dem Körper sollte eine weiche Unterlage sein, die Kleidung sollte weder drücken, noch einengen und Brillen werden abgesetzt.

Alles, was die Konzentration auf den Körper behindern könnte, sollte vermieden werden.

Unter starken Schmerzen zu entspannen ist anfangs fast unmöglich. Daher sollten Sie bei Ihrer Haltung darauf achten, daß Sie nicht etwa durch eine falsche Lage Schmerzen hervorrufen. Wenn Sie auf dem Rücken liegen, können Sie das Entstehen von Rückenschmerzen oft vermeiden, indem Sie unter Ihre Knie eine geeignete Unterlage legen und sie dadurch höher lagern.

Sie können diese günstigen Bedingungen mit denen vergleichen, die Sie schaffen, wenn Sie zu Bett gehen. Wenn Sie dabei die falschen Voraussetzungen schaffen, stören Sie Ihren Schlaf. Genauso verhält es sich mit der Entspannung, die Sie durch das AT erwarten.

In den Gruppen erlebe ich es häufig, daß auf meine Frage nach der Übung ganz anderes geschildert wird: Viele Teilnehmer üben nur in Situationen, in denen sie Ruhe bräuchten (bei Schlafstörungen, bei Aufregung, nach Ärger, bei Schmerzen, usw.). Enttäuscht wird dann von ihnen berichtet, daß es nicht klappe. Es wird also - natürlich völlig zu Unrecht - erwartet, daß das AT von Anfang an auch unter schwierigen Bedingungen wirkt. Ohne daß es erlernt wurde.

Erlernen des AT bedeutet nicht, nach der ersten Stunde schon in jeder beliebigen Situation entspannen zu können. Vielmehr muß dazu ein Kurs (= mindestens sechs Stunden) vollständig absolviert werden - unter Erfüllung der Voraussetzungen, deren wichtigste die regelmäßige, häufige Übung ist.

4.3 Die Haltungen

Grundsätzlich sollte entweder im Sitzen oder im Liegen geübt werden. Ich empfehle, wann immer möglich, die tiefere Entspannungsfähigkeit im Liegen zu nutzen. Aber es gibt sicherlich Bedingungen, die keine liegende Haltung zulassen.

Hier beziehe ich mich allerdings lediglich auf die Zeit, in der Sie das Verfahren erlernen. Daß Sie sich an Ihrem Arbeitsplatz nicht ohne weiteres hinlegen können, ist leider normal. In der Trainigsphase aber sollten Sie versuchen, möglichst häufig liegend zu üben. Es gibt Bedingungen, die es nicht erlauben, im Liegen zu entspannen. Wenn Sie in einer Pause auf einem (möglichst ruhigen Parkplatz) im Auto Ihren Sitz in eine Position bringen, in der Sie tief entspannen können, so ist Liegen kaum, aber dennoch eine Übung möglich. Auch wenn das Liegen auf dem Rücken Schmerzen hervorruft, müssen Sie eine andere Haltung einnehmen.

Das vielleicht wichtigste Argument für die liegende Übungshaltung: Wenn Sie - unabhängig von AT -tief entspannen wollen, so werden Sie sich zu diesem Zweck irgendwohin legen - falls die Möglichkeit dazu besteht. Das Sitzen wäre erst die zweite Wahl. Da Sie schon immer so gehandelt haben, ist ein starker Reflex entstanden zwischen dem Liegen und einer tiefen Entspannung. Das heißt, immer wenn Sie sich hinlegen, entspannen Sie sich gleichzeitig. Dieser wertvolle Reflex kann natürlich zum Erlernen des AT genutzt werden.

Nun zu den Haltungen, die eingenommen werden sollten, um möglichst viel Muskulatur in der Ruhephase zu entlasten.

• Im Liegen üben

Sie legen sich auf den Rücken. Die Arme liegen neben dem Körper, die Ellenbogen sind leicht angewinkelt. Die Beine sind etwas geöffnet, die Zehenspitzen fallen dabei (meist) nach außen. Der Kopf liegt gerade und leicht erhöht (durch ein Kissen o.ä.). Das Kissen sollte nicht unter dem Nacken, sondern unter dem Kopf liegen.

Die Beine sollten nicht verschränkt werden, mit der Zeit würde es störend wirken, daß das Gewicht des obenliegenden Beines auf das darunter liegende drückt. Der Kopf sollte nicht auf die Seite gedreht werden, weil bei längerem Liegen auch diese Haltung durch die damit verbundene Dehnung zu Anspannung führen kann.

Zum Einschlafen wird meist eine andere als die eben beschriebene Lage eingenommen. Auf der Seite oder auf dem Bauch zu liegen wird oft als angenehmer empfunden. Der Nachteil dieser anderen Haltungen ist jedoch, daß mehr Muskelgruppen angespannt sind, um den Körper in seiner Lage zu halten. Das kann die Tiefe der Ruhe ganz wesentlich behindern.

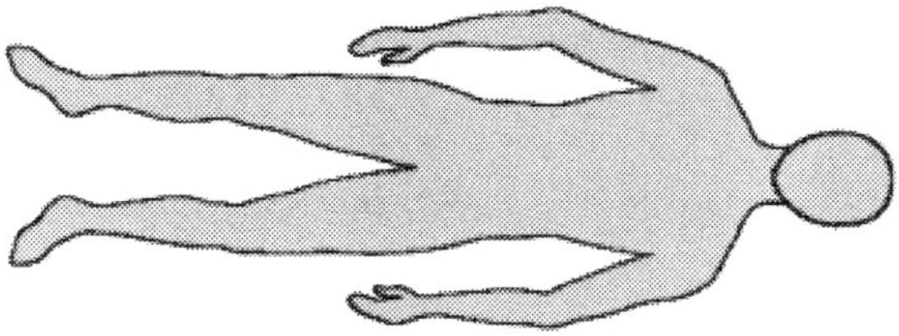

Abb. 1: Die beschriebene Haltung im Liegen

• Im Sitzen üben

Wenn Sie nicht im Liegen üben können, so nehmen Sie die im folgenden beschriebene Haltung als Grundlage, von der Sie möglichst wenig abweichen sollten.

Setzen Sie sich auf einen Stuhl, und stellen Sie Ihre Füße flach auf die Erde. Dabei bildet sich in Ihren Knien ungefähr ein rechter Winkel. Die Knie fallen nach außen. Die Hände lassen Sie zwischen den Beinen durchhängen, so daß kein Gewicht auf den Armen lastet. Den Oberkörper strecken Sie nach oben, um ihn gleich darauf zusammensinken zu lassen. Der Kopf fällt auf die Brust.

Diese Haltung wird „Droschkenkutschersitz" genannt, wohl weil die damaligen Kutscher der Droschken in dieser Position auf ihren Kutschböcken zu schlafen pflegten.

Ohne die gewünschte Entspannung zu gefährden, können Sie in folgender Weise von dieser Haltung abweichen: Wenn Sie eine

Sitzgelegenheit mit Lehne haben, können Sie sich mit aufrechtem (nicht angespanntem) Rücken anlehnen und den Kopf an der Wand ruhen lassen. Dadurch vermeiden Sie Schmerzen im Schulter-Nacken-Bereich, die bei nach vorne hängendem Kopf nicht selten die Ruhe stören. Auch kann bei hängendem Kopf ein leichter Schwindel auftreten, der verhindert wird, wenn der Kopf an der Wand lehnt. Hilfreich ist auch ein kleines Kissen o.ä. zwischen Wand und Kopf.

Die Arme können auf vielleicht vorhandenen Stuhllehnen aufgelegt werden. Doch sollten Sie darauf achten, daß sie nicht mehr als ihr Eigengewicht tragen.

Falsch wäre es, wenn Sie im Stuhl liegen würden, das heißt wenn im Knie kein oder kaum ein Winkel vorhanden wäre. Auch sollte der Rücken ungefähr parallel zur Rückenlehne verlaufen. Falsch wäre es auch, wenn das Gewicht des Oberkörpers auf den Armen lastete, die wiederum auf den Oberschenkeln aufliegen. Schließlich sollten Sie auch nicht Ihren Oberkörper zwischen den Oberschenkeln in einem labilen Gleichgewicht halten (das nämlich während der Übung zu Ungunsten der Entspannung immer wieder stabilisiert werden müßte).

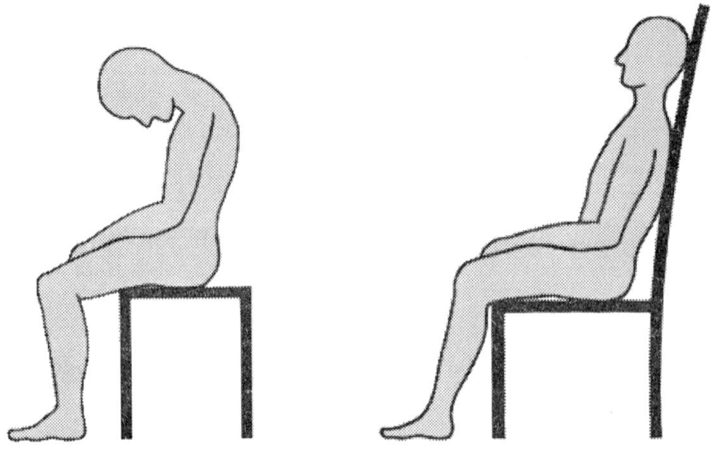

Abb. 2: Die richtigen Sitzhaltungen

4.4 Die Rücknahme der Entspannung

In der Entspannung sinkt der Blutdruck. Das ist sinnvoll und entlastend für den Körper. Aber bevor Sie sich aufrichten, sollte Ihr Kreislauf wieder „auf Betriebsdruck sein". Andernfalls könnten Sie sich sehr unwohl fühlen. Die Konsequenzen sind Ihnen bekannt: Wenn Sie sich aus einer Ruhephase in der Vergangenheit zu schnell oder zu plötzlich aufgerichtet haben, so fühlten Sie sich vielleicht schwindlig, Sie bekamen Kopfschmerzen oder fühlten sich schlapp und matt.

Das können Sie vermeiden (und sie sollten es auch), indem Sie sich nach jeder Übung kräftig strecken, bevor Sie aufstehen. In den Kursen verwende ich die immer gleichen Sätze, die Sie sich auch innerlich vorsprechen können, um frisch und ausgeruht wieder aufstehen zu können:

„Nehmen Sie die Entspannung jetzt wieder zurück,
atmen Sie tief ein und aus,
spannen Sie ihren Körper kräftig an
und öffnen Sie die Augen".

Welche Muskelgruppen Sie anspannen, ist letztendlich gleichgültig, solange die Spannung ausreicht, um den Blutdruck auf das nötige Maß zu erhöhen. Bewährt hat sich das Dehnen und Strecken, das wir bei ganz kleinen Kindern oder auch bei unseren Hauskatzen oder Hunden beobachten können.

4.5 Der Unterschied zwischen Vorstellung und Einbildung

Die Vorstellung ist eine wesentliche Hilfe sowohl bei der Einübung der Reflexe, als auch bei der Nutzung des AT.

Wenn von Vorstellung die Rede ist, findet oft eine sofortige Gleichstellung mit dem Begriff der Einbildung statt. Einbildung steht dabei für etwas, das nicht wirklich vorhanden, sondern nur (hin-) eingebildet ist. Gleichzeitig ist man mehr oder weniger von der Existenz dessen, was man sich einbildet, überzeugt.

Jemand der sich einbildet, er sei krank, empfindet sich als tatsächlich krank, auch wenn es „nur“ Einbildung ist. Er kann also objektiv kerngesund sein, während er im eigenen Erleben ganz anderer Überzeugung ist. Eingebildete Schönheit wird einem Menschen vorgeworfen, wenn sein eigener Eindruck von seiner Attraktivität wesentlich von der (weniger schönen) Realität abweicht.

Diesen Beispielen ist gemein, daß das subjektive Bild vom objektiven erheblich abweicht, vom Subjekt aber dennoch als objektiv wahrgenommen wird.

Es ist entscheidend, zwischen beiden Begriffen zu unterscheiden, weil im Training die Vorstellung eine sehr wichtige Rolle spielt. Die eintretenden Körperwahrnehmungen sind jedoch nicht eingebildet, also unreal, sondern tatsächlich vorhanden. Ihre Wirklichkeit ist meßbar.

Im Gegensatz zur Einbildung geht man bei der „Vorstellung“ davon aus, daß das, was man sich vorstellt, nicht real existiert. Man ist sich also bewußt, daß man nicht wirklich krank ist, wenn man sich die Krankheit vorstellt. Die Vorstellung ist ein „was wäre, wenn etwas so und so wäre“.

Im AT kann und soll sie das Zustandekommen des Vorgestellten begünstigen. Hier wird also die Vorstellung als Phantasiegebilde betrachtet. Diese Phantasie hat allerdings - in einem gewissen Rahmen - die Kraft, andere Wirklichkeiten zu schaffen.

4.6 Konzentration

Auch dieser Begriff wird häufig mißverständlich benutzt. Eine Klärung kann dazu beitragen, besser zu verstehen, wie das Körpererleben gefördert werden kann.

„Ich kann mich einfach nicht auf meinen Körper konzentrieren. Zuviele Gedanken schwirren mir durch den Kopf.“ „Die Geräusche lenken mich zu sehr ab, deshalb kann ich mich nicht auf meinen Körper konzentrieren, obwohl ich es mit aller Kraft versuche." Solche Sätze sind in den Kursen recht häufig zu hören. Besonders problematisch wird die Konzentration zuhause erlebt, wenn kein Trainer in die Ruhe hineinführt.

Es muß grundsätzlich unterschieden werden zwischen zwei Möglichkeiten, sich zu „konzentrieren":

- **Erzwungene Konzentration**
  Diesen meist mühevollen Zustand kennen wir alle aus manchen Fächern unserer Schulzeit.
  Auch heute noch gibt es Situationen, in denen wir uns zwingen, etwas zu durchdenken, zu lesen oder sonstwie geistig zu verfolgen, das uns eigentlich in diesem Moment überfordert oder ganz einfach nicht interessiert.
  Dieser Zustand ruft eine körperliche und geistige Anspannung hervor, die mit einer gelassenen Ruhe, wie sie im AT auftreten soll, nichts gemein hat. Schon nach relativ kurzer Zeit müssen wir uns abwenden, ablenken, um uns etwas zu regenerieren.

- **Interessierte Konzentration**
  Lesen wir dagegen ein spannendes Buch, oder verfolgen ein uns in diesem Moment interessierendes Gespräch, das uns nicht überfordert, so sind wir einfach dabei. Die Konzentration muß nicht irgendwie erzwungen werden, sondern sie ist einfach da. Das gilt für alles, was uns interessiert und im Moment nicht überfordert.

Auf das AT angewandt heißt das:

Die einzige Anstrengung, die Sie erbringen müssen, ist, die regelmäßige Übung in ihren Alltag zu integrieren und während der Übung immer mal wieder auf die zu beobachtenden Körperphänomene zu achten. „Immer mal wieder" heißt, daß Sie sich nicht zwingen sollen, Ihre Aufmerksamkeit permanent auf den Körper gerichtet zu lassen. Das funktioniert nicht. Es werden mal mehr und mal weniger Gedanken kommen, die ihre Aufmerksamkeit entführen wollen. Den gleichen Effekt haben manche Geräusche oder Körperempfindungen. Lassen Sie sich ein Stück weit mit diesen Ablenkungen treiben. Versuchen sie, dabei nicht zu weit vom Körperempfinden weg zu gehen, sondern richten Sie Ihre Aufmerksamkeit immer mal wieder (etwa alle zehn bis dreißig Sekunden) auf die Körpervorgänge.

Natürlich ist es ideal, wenn Sie von Anfang an innerlich hauptsächlich beim Körper und den wesentlichen Vorstellungen bleiben können und da nichts ist, das Sie ablenkt. Aber zu Beginn eines Kurses ist das nicht die Realität. Nur ganz wenige Menschen kommen so ausgeruht und innerlich aufgeräumt in den Kurs, daß Ihnen das möglich ist.

Manche Teilnehmer schlafen während des Trainings recht schnell ein. Gründe dafür können sowohl ein Schlafdefizit sein, als auch eine ausgezeichnete Fähigkeit zur Entspannung. Im Schlaf fehlt jedoch die für den erwünschten Lerneffekt notwendige Konzentration auf die Körperwahrnehmung, weshalb eine Reflexbildung nicht möglich ist.

Um den schnellen Schlaf zu verhindern, sollte zum einen kürzer geübt werden, d.h. die Zeitabstände zwischen den Formeln werden verringert, wie auch die für eine einzelne Übung aufgewendete Zeit. Zum anderen sollte nicht nur vor dem Zu-Bett-gehen trainiert werden.

4.7 Verändert sich mein Bewußtsein, wenn ich AT anwende?

Es ist recht schwierig, über das eigene Bewußt-Sein nachzudenken oder es sonst irgendwie zu erschließen. Wenn wir wach sind, haben wir sicherlich ein grundsätzlich anderes Bewußt-Sein, als im Schlafzustand. Irgendwo zwischen diesen beiden Stufen könnte der Zustand liegen, der durch eine Entspannung herbeigeführt wird. Ich neige dazu, Bewußt-Sein als etwas zu begreifen, das sich in ständiger Bewegung befindet und vielfältig von körperlichen und psychischen Prozessen und von außerhalb des Körpers liegenden Tatsachen beeinflußt wird.

Grundsätzlich muß gesagt werden, daß das AT keinen anderen Zustand hervorruft, als wir ihn aus den alltäglichen Ruhephasen kennen.

Davon unabhängig kann davon ausgegangen werden, daß in Ruhe das Bewußt-Sein ein anderes ist, als unter Anspannung. Je ruhiger wir werden, desto größer ist der Unterschied. Bis hin zum Fehlen der bewußten Wahrnehmung, wie wir das aus dem Schlaf kennen. Zunächst ist es aber gleichgültig, ob diese Ruhe durch ein Nickerchen auf dem Sofa, durch einen Tagtraum am Schreibtisch, oder durch AT, Meditation, Yoga oder ein anderes Entspannungsverfahren hervorgerufen wird. Das was Sie in einem solchen Zustand denken und empfinden, ist Ihnen gleichermaßen vertraut oder unvertraut, da es alltägliche Erfahrungen sind.

Mit zunehmender Routine in irgendeinem Entspannungsverfahren werden Sie gleichzeitig lernen, bewußter mit Ihrer Aufmerksamkeit umzugehen. Weil Ihre Aufmerksamkeit aber gleichzeitig maßgeblich beeinflußt, was Ihnen bewußt ist, können Sie mehr und mehr lernen, den Inhalt Ihres Bewußtseins zu steuern. Sicher nicht vollständig, aber zunehmend besser.

Das kann auch als Verbesserung der Konzentrationsfähigkeit bezeichnet werden. Diese Vorgänge laufen zumeist unbewußt ab. Irgendwann stellen Sie fest, daß Sie sich deutlich besser als früher konzentrieren können. Vielleicht ohne diese Veränderung mit dem AT in Verbindung zu bringen.

Diejenige Bewußtseinsveränderung, die am meisten auffällt, ist die zunehmend bessere Repräsentation Ihres Körpers in Ihrer Wahrnehmung. Konnten Sie vor Kursbeginn Ihr Herz auch dann nicht spüren, wenn Sie ganz gezielt darauf achteten, so werden Sie nach einigen Wochen der Übung nicht nur den Herz- sondern sogar den Pulsschlag innerhalb von Sekunden an vielen Stellen der Körperoberfläche spüren können.

Folgt man diesem Gedankengang, so fällt es leicht, sich vorzustellen, daß auch andere Inhalte umfassender und intensiver wahrgenommen werden können, indem durch ein entsprechendes Training die Aufmerksamkeit immer wieder darauf gerichtet wird.

Ein fortgeschrittenes Aufmerksamkeitsfeld ist die Lenkung der Wahrnehmung auf die eigenen Gefühle. Es ist sicherlich sehr lohnend, einen bewußteren Umgang damit anzustreben. Das gesteigerte Bewußt-Sein eigener Gefühle kann als Voraussetzung genutzt werden, um die Ursachen für störende Gefühle zu finden - und somit eine wichtige Vorbedingung für ihre Veränderung zu erfüllen. Denn unser Befinden wird von - oft unbewußten - Gefühlen stark beeinflußt.

Wie aus dem eben beschriebenen folgt, ist eine Steigerung des Selbst-Bewußt-Seins fast zwangsläufig eine Konsequenz des AT, auch wenn „nur" geübt wird, ohne jeden weitergehenden Anspruch als den auf momentane Entspannung.

Der Unterschied zwischen Bewußtem und Unbewußtem

Obwohl diese beiden Begriffe häufig als zwei Ebenen der Psyche unterschieden werden, ist doch recht unklar, welche Aufgaben und Inhalte ihnen zugeordnet werden sollen.

Es ist eine jedem zugängliche Erfahrung, daß die meisten Körperfunktionen überwiegend unbewußt ablaufen. Es kann sogar zu Schwierigkeiten führen, wenn das Bewußtsein die Kontrolle übernehmen möchte. Das wird leicht deutlich an der Atmung, die meist reibungslos verläuft, solange ihre Steuerung außerhalb des Bewußtseins verbleibt.

Durch die Anwendung des AT sollen Sie auch lernen, wieder vermehrt Ihrer eigenen unbewußten Weisheit zu vertrauen.

4.8 Anleitung zum Erlernen des AT mit Hilfe des vorliegenden Textes.

Als Übungsgrundlage dient die Beschreibung der Formeln in Kapitel 5. Dort ist auch dargestellt, welche konkreten Schritte zu ihrer Einübung notwendig und ausreichend sind.

Bevor Sie sich die Schwere vorstellen, nehmen Sie eine der beschriebenen Haltungen ein. Sie schließen die Augen und orientieren sich zunächst auf die Geräusche, die Sie umgeben - nachdem Sie alle vermeidbaren Geräuschquellen ausgeschlossen haben. Versuchen Sie, jedes einzelne Geräusch zu hören. Wehren Sie sich nicht gegen die vorhandenen Töne. Vielleicht gefällt Ihnen der Gedanke, daß andere Menschen arbeiten und dabei Lärm verursachen, während Sie hier liegen und die Dinge geschehen lassen können.

Zwar sollen Sie die vorhandenen Laute nicht verdrängen wollen, aber Sie sollen sie auch nicht festhalten. Nehmen Sie also ihre Existenz wahr - und lassen Sie sie wieder aus Ihrem Bewußtsein verschwinden. Versuchen Sie dabei passiv zu bleiben, wie ein außenstehender Beobachter.

Genauso verfahren Sie mit Ihren Gedanken. Lassen Sie sie kommen und auch wieder gehen. Vielleicht hilft es Ihnen, wenn Sie Ihren Gedanken Gestalt geben, wie beispielsweise immer mal wieder bunt gekleidete Menschen in Ihr Bewußtsein kommen, sich dort ein Weilchen aufhalten, um irgendetwas Sinnvolles zu erledigen, und dann, wenn sie ihre Aufgabe erfüllt haben, wieder weggehen.

In meinen Gruppen spreche ich gerne zwischen der Schwere- und der Wärmeformel folgenden Satz:

„Geräusche und Gedanken können kommen und gehen...
wie Wolken am Himmel... und in der Ferne verblassen
wie alte Bilder.“

Im nächsten Schritt wenden Sie Ihre Aufmerksamkeit Ihrem Körper zu. Um sensibler für ihn zu werden, fangen Sie bei der ersten Übung mit einer kleinen Reise an. Beginnen Sie bei den

Fingern, nehmen Sie die einzelnen Glieder und auch Gelenke wahr. Wandern Sie mit Ihrer bewußten Aufmerksamkeit nach oben - während Sie ganz still liegen oder sitzen - über Ihre Unterarme, die Ellbogen, die Oberarme, die Schultergelenke und den Hals bis hin zum Kopf. Von dort wieder zurück über den Hals, den Rücken, die Brust und den Bauch, die Hüften und Hüftgelenke, die Oberschenkel, Knie, Unterschenkel und Füße bis zu den Zehen.

Für diese Reise sollten Sie nicht mehr als fünf Minuten aufwenden. Es ist eigentlich auch gleichgültig, an welcher Körperstelle Sie anfangen und aufhören. Wichtig ist, einen Einstieg in die Empfindungen des Körpers zu finden. Bei späteren Übungen brauchen Sie diese Reise durch den Körper nicht mehr zu veranstalten, es spricht aber auch nichts dagegen, es doch zu tun, wenn es Ihnen gefällt.

Sie liegen oder sitzen also still da und spüren Ihren Körper. Nun beginnen Sie mit der ersten Formel, indem Sie sich an Situationen erinnern, in denen Sie die körpereigene Schwere besonders intensiv gespürt haben. Dann lenken Sie die Aufmerksamkeit wieder auf den Körper und spüren in sich hinein, wo im Körper Sie in diesem Moment ein Schweregefühl empfinden. Sie sagen sich die Formel in Gedanken einige Male vor, um nach einer Gesamtübungszeit von fünf bis zehn Minuten die Übung durch körperliche Anspannung zu beenden.

Nach einigen Tagen der regelmäßigen Übung - einwöchige Abstände zwischen den verschiedenen Formeln bieten sich an - nehmen Sie die Vorstellung der Wärme hinzu. Genauso verfahren Sie mit allen anderen Formeln.

Hin und wieder entsteht die Frage, ob die Formeln nicht laut vorgesprochen werden sollten. In der Regel sollten Sie das nicht tun, weil es die Tiefe der Entspannung begrenzt. Es kann jedoch sinnvoll sein, wenn Sie überhaupt nicht fähig sind, sich auf die Empfindungen zu konzentrieren, sondern immer wieder sofort abschweifen. Dann erleichtert das aktive Sprechen die Konzentration. Sehr bald wird es jedoch eher störend, wenn Sie nämlich gelernt haben, beim Körper zu bleiben und durch die eigene

Stimme und die für das Sprechen notwendige Anstrengung in der Ruhe gestört werden.

Nun noch einmal knapp zusammengefaßt die ANLEITUNG, die Sie befolgen sollten, falls Sie diesen Text als einzige oder wesentliche Grundlage für das Erlernen des AT benutzen:

1. **Lesen Sie die Formeln und den dazugehörigen Begleittext aufmerksam durch. Merken Sie sich den Wortlaut der Standardformel(n) gut.**

2. **Nehmen Sie die Haltung ein, in der Sie entspannen wollen (wie oben beschrieben).**

3. **Schließen Sie die Augen. Lassen Sie Geräusche und Gedanken kommen, aber auch wieder gehen.**

4. **Orientieren Sie sich auf die Empfindungen Ihres Körpers.**

5. **Sprechen Sie sich innerlich die Formeln vor und beobachten Sie, wo im Körper Sie entsprechendes wahrnehmen. Nutzen Sie Ihre sinnlichen Erinnerungen, um eine intensive Vorstellung vom Ziel der Formel zu bekommen.**

6. **Nehmen Sie die Entspannung behutsam zurück, indem Sie tief durchatmen, die Muskeln anspannen, sich strecken und schließlich die Augen öffnen.**

Diese Reihenfolge halten Sie bei jeder Übung ein, bis Sie alle Formeln auf diese Weise erlernt haben. Auch danach sollten Sie nur im Ausnahmefall von diesem Schema abweichen und etwa einzelne Formeln herausgreifen (siehe Kapitel 8).

B: DIE ÜBUNGEN

5 Die Formeln in den einzelnen Kursstunden

Die Formeln fassen die körperlichen Erscheinungen in Worte, die die Entspannung begleiten. Der Wortlaut der Sätze, sowie die Reihenfolge, in der sie hintereinander geübt werden, sollte anfangs möglichst konstant bleiben. Gerade zu Beginn der Einübung würde ein Variieren die Bindung zwischen Entspannung und Vorstellung erschweren. Nach Ende des gesamten Kurses können Sie - nun schon mit einiger Kompetenz - die Formulierungen so abwandeln, wie Sie für Ihre Vorstellungswelt am besten passen. Aber auch dann sollten Sie im großen und ganzen bei den gewählten Sätzen oder Vorstellungen bleiben.

Es entwickelt sich immer mal wieder die Frage, warum die Zahl der Formeln nicht auf die ersten beiden Themen, nämlich die der Schwere und der Wärme beschränkt werden. Für eine solche Verkürzung spräche die schnelle Wirkung der ersten beiden Formeln und ihre gute Präsenz im Bewußtsein - meist ohne große Übung - schon zu Beginn eines Kurses. Auch fällt es vielen eher schwer, ihren Körper so weitgehend zu spüren, wie es zur Wahrnehmung der anderen Formelinhalte nötig ist. Nehmen noch mehr als die Hälfte der Gruppe i.d.R. ihren Herz- oder Pulsschlag wahr, so sind es bei der Stirnformel nur noch schätzungsweise zehn bis zwanzig Prozent, die von Anfang an eine kühle Stirn spüren.

Ungeachtet der Tatsache, daß schon nach kurzer Zeit der überwiegende Teil der Gruppe die meisten Phänomene spürt, wird hin und wieder die Frage gestellt, ob sich die Mühe denn lohne.

Für eine solche Hinwendung auch zu den anderen Formeln sprechen mehrere Argumente:

Die Entspannung des Körpers wird nicht nur von Schwere und Wärme begleitet, sondern auch die anderen angesprochenen Phänomene (ruhigere Atmung, niedrigere Herzfrequenz, warmer Bauch, kühle Stirn) gehören dazu. Die Wahrnehmung jedes weiteren Phänomens - über die beiden ersten hinaus - bestätigt die Ruhe und vertieft sie ganz wesentlich. Das alleine wäre Grund genug, sich nicht mit der Einübung der ersten beiden Formeln zu begnügen. Darüber hinaus erweitert sich auch das Bewußtsein für den Körper und die in ihm ablaufenden Prozesse durch die Anwendung auch der weiteren Formeln. Das vielleicht gewichtigste Argument gegen eine Beschränkung im oben genannten Sinne ist jedoch die Möglichkeit, durch eine Einbeziehung der einzelnen angesprochenen Organe einen positiven Einfluß auf ihre Funktionen zu erhalten. Das wirkt bei vielen Störungen der Organfunktionen heilend und beugt auch der Entstehung von Krankheiten vor.

Nachfolgend stelle ich neben den Standardformeln auch mögliche andere Formulierungen vor. Die von mir als Standardformeln bezeichneten Sätze sind die, die ich in meinen Gruppen verwende. Die Alternativen sind Sätze, die hilfreich sein können. Daneben sind allerdings auch noch andere Formulierungen vorstellbar, die Ihnen helfen können, Ihre Phänomene auf Ihre ganz persönliche Art zu erspüren.

In manchen Anleitungen wird ein Kurs mit der Schwere in einer Hand oder auf einer Körperseite begonnen. Bisher bin ich nie so verfahren, sondern habe die Formeln in jedem Kurs von Anfang an auf alle Glieder bezogen. Mir scheint ein detaillierterer Beginn ein unnötiger Umweg.

Das AT, so wie es von Schultz formuliert wurde, wird in unterschiedlich stark abgewandelter Form von den verschiedenen Kursleitern vermittelt. Wortlaut und Anordnung der Formeln in meinen Kursen entsprechen meiner positiven Erfahrung damit. Sicherlich gibt es Formulierungen, die für manchen Menschen und seine persönliche Art, seinen Körper zu erfühlen, stimmiger sind. Deshalb sollten alle derartigen Formeln als Vorschläge betrachtet werden. Wenn Sie andere Sätze finden, die Ihnen gefallen, dann können Sie versuchen, Sie in Ihr AT zu integrieren.

5.1 Die Schwereformel

Standardformel: **MEINE ARME UND BEINE SIND ANGENEHM SCHWER**

Voraussetzung für die Übung

Nicht die ***Herstellung*** von Schwere ist das Ziel. Das ist weder möglich noch nötig. Wir haben alle ein gewisses Gewicht, das sich in kurzen Zeiträumen auch nicht wesentlich verändert. **Dieses Eigengewicht gilt es zu spüren.** Voraussetzung für die Wahrnehmung der eigenen Schwere ist eine gewisse Sensibilität für den eigenen Körper. Eine solche Empfindsamkeit bildet sich spätestens im Verlauf des Kurses und des eigenen Trainings aus, in dem Sie Ihre innere Aufmerksamkeit immer wieder auf das Körpererleben richten. Auch Skeptikern gelingt es in der Regel schon nach wenigen Übungen, Teile ihres Körpers und der eigenen Schwere zu spüren.

Wodurch kommt eine Schwereempfindung zustande?

Jeder weiß, daß sein eigener Körper schwer ist. Dieses Gewicht verändert sich auch nicht innerhalb weniger Minuten der Ruhe.

Anders verhält es sich mit der **Empfindung** des eigenen Gewichts. Die Wahrnehmung der eigenen Kilogramm kann sehr wohl beträchtlich schwanken. Ganz allgemein können Sie beobachten, daß Sie sich umso leichter/beschwingter fühlen, je aktiver, je weniger müde Sie sind. Umgekehrt spüren Sie die Schwere des eigenen Körpers besonders intensiv bei Entspannung, Müdigkeit und Erschöpfung.

Es ist von großem Vorteil, sich an dieses Gefühl der Schwere zu erinnern. Je deutlicher Sie das können, desto leichter fällt es Ihnen, das Eigengewicht Ihres Körpers wahrzunehmen. Deshalb sollten Sie bewußt viel Sorgfalt auf die Wahrnehmung dieser Empfindung legen.

Eine Möglichkeit, die eigene Schwere zu spüren, kann auch

darin bestehen, einen Arm oder ein Bein für einige Minuten frei in der Luft schweben zu lassen. Dabei sollten Sie sich nicht unter den Druck setzen, es besonders lange aushalten zu können. Der einzige Sinn ist die bewußte Wahrnehmung des Gewichtes, mit dem Ihr Arm (oder Bein) zur Erde gezogen wird.

Nach ausreichend langer Zeit regelmäßiger Übung (für einige Wochen mindestens einmal täglich) genügt die Wahrnehmung alleine der Schwere, um eine spürbare Entspannung im gesamten Organismus zu erreichen.

Erleichternde Vorstellungen

Nehmen Sie sich - auch bei den folgenden Formeln - die Zeit, die jeweilige Vorstellung in Ihrer Phantasie oder aus Ihrer Erinnerung möglichst lebendig entstehen zu lassen.

Bei dieser Formel können Sie sich an das Gefühl erinnern, das sie nach einer langen Wanderung oder nach einem mehrstündigen Einkaufsbummel in den Füßen oder Beinen verspürten. So ist der Eindruck, die Schuhe würden gegen Ende des Weges immer schwerer, vielleicht in Ihrer Erinnerung geblieben. Und die Erleichterung, endlich auf die Bank (im Wirtshaus, am Ende der Wanderung) oder auf den Stuhl (im Kaufhaus) sinken zu können. Und das Gefühl, in nächster Zeit nicht wieder aufstehen zu wollen oder zu können.

Die gleiche Schwere der Glieder kennen Sie von jeder körperlichen Arbeit, die die Muskulatur anstrengt. Es fällt nach einiger Zeit zunehmend schwerer, die Bewegungen auszuführen. Das Gewicht der Hand, des Armes scheint zuzunehmen.

Einen Turm ersteigen, einen Berg hinaufgehen läßt mitunter regelrecht den Eindruck entstehen, der Körper würde durch seine eigene Schwere sogar schrumpfen, je höher ohne Pause gestiegen wird.

Es hilft auch, sich an das Tragen schwerer Lasten zu erinnern. Hier ist der Einkaufskorb zu nennen, ein Eimer Wasser oder auch ein Koffer, der anfangs noch nicht zu schwer scheint, aber nach wenigen Metern schon zu einer mühevollen Last werden kann.

Auch der bildhafte Eindruck der Schwere, ohne tatsächliche Erinnerung, kann die Körperempfindung unterstützen. Aus dem Tierleben kennen wir die Elefanten, deren Füße bei jedem Schritt den Boden erbeben lassen, ebenso das Nashorn, oder das Flußpferd, das im Wasser sogar elegant wirken kann, außerhalb aber sehr an seiner Schwere trägt.

Im Wasser entspannt sich die Muskulatur des Körpers besonders gut, weil eben das Wasser eine teilweise Schwerelosigkeit hervorruft. Es trägt einen Teil des Gewichts. Dadurch kann sich die Muskulatur etwas entspannen. Sicherlich erinnern Sie sich an den Eindruck, den Sie hatten, wenn Sie beispielsweise in der Badewanne lagen und langsam und bewußt Ihre Arme über die Wasseroberfläche hoben. Je weiter die Glieder sich aus dem Wasser herausheben, desto deutlicher nehmen Sie Ihre Schwere wahr. Sobald die Glieder das Wasser verlassen, muß ihr volles Gewicht von der Muskulatur getragen werden. Dieses Anspannen-müssen wird als Schwere empfunden.

Es gibt weitere Beispiele für Schwereempfindungen. Vielleicht gibt es für Sie ein bestimmtes Erlebnis, das besonders das Gefühl der Schwere repräsentiert und Ihnen deshalb eindrücklich helfen kann, das Gewicht Ihrer Glieder wahrzunehmen.

Versuchen Sie von nun an, die eigene Schwere in Ihrem Alltag bewußter zu beachten. Das erleichtert die Körperwahrnehmung im AT ganz wesentlich.

Alle diese Vorstellungen sind Brücken zur Wahrnehmung der eigenen **augenblicklichen** Schwere.

Anwendung der Formeln

Während Sie der Entspannung Raum geben, erinnern Sie sich an das Gefühl der Schwere Ihres Körpers und fühlen einmal hinein, wo im Körper Sie während der Übung das Gewicht der Glieder spüren. Oft wird es an den Stellen, an denen der Körper aufliegt besonders deutlich.

Ziel ist die **Wahrnehmung** des Gewichts der Glieder - nicht das Spüren oder gar „Machen“ von **mehr** Gewicht. Normal ist eine anfänglich ungleichmäßig verteilte Empfindung. Nach einigen Übungstagen werden die Wahrnehmungen allerdings gleichmäßiger.

5.2 Die Wärmeformel

Standardformel: **MEINE ARME UND BEINE**
SIND ANGENEHM WARM

Mögliche andere Formel:
Mit jedem Ausatmen strömt Wärme
in Arme und Beine

Voraussetzung für die Übung

Zunächst ist es wichtig, günstige Voraussetzungen zu schaffen, die es Ihnen überhaupt ermöglichen, die Wärme des Körpers zu spüren. Sie sollten sich dazu auf eine warme Unterlage legen oder setzen. Wenn Sie kein Bett, Sofa oder ähnliches zur Verfügung haben, können Sie eine Decke oder Iso-Matte als Unterlage auf den Boden legen. Sollte der Raum kühl sein, decken Sie sich am besten auch noch zu, bzw. ziehen sich warm an. Sie sollten berücksichtigen, daß nach einiger Zeit der Ruhe der Körper leichter zu frieren beginnt. Sie können sich also anfangs noch sehr warm fühlen und trotzdem nach einer halben Stunde zu frieren beginnen - bei unveränderter Raumtemperatur.

Wodurch kommt eine Wärmeempfindung zustande?

Unter Anspannung ist die Blutmenge im Körper anders verteilt, als in entspanntem Zustand. Bei zunehmender Spannung wird vor allem die Muskulatur durchblutet, die zur Bewegung benötigt wird. Weniger Blut ist dann in der Haut und in den inneren Organen zu finden. Man könnte sagen, die Regenerierung des Körpers wird unter Spannungssituationen nachrangig behandelt. In entspanntem Zustand ist es umgekehrt: weniger Blut in der „Arbeitsmuskulatur" und im Gehirn, mehr davon in der Haut und in den inneren Organen.

Blut ist der wichtigste Wärmetransporteur im Körper. Deshalb empfinden wir dort mehr Wärme, wo sich mehr Blut befindet. So ist es sehr leicht verständlich, daß in Ruhe die Haut insgesamt als warm empfunden werden kann. Auch im Bauch können wir mehr Wärme spüren, wenn wir ruhiger werden, dagegen ist im Schläfenbereich eher eine angenehme Kühle wahrnehmbar. Die Wirkung im Bauch und im Kopf wird in der zweitletzten, bzw. letzten Formel behandelt.

In der Entspannung werden also die Arterien in der Haut weiter und das warme Blut strömt vermehrt hinein. Dadurch ist auch schon bei geringer Sensibilität eine deutliche Wärmeempfindung in Armen und Beinen möglich. Warum spricht die Formel von Armen und Beinen, nicht aber vom ganzen Körper? Weil der Temperaturunterschied in der sog. „Peripherie" (=Arme und Beine mit Händen und Füßen) besonders groß ist.

Wenn nun also der Körper zur Ruhe kommt, wird die Haut besser durchblutet. Dadurch nehmen die Glieder an Umfang zu. Das kennen Sie von Situationen, in denen Ihnen besonders warm war. Es entsteht dann der Eindruck, Fingerringe und Armbanduhren würden zu eng. Tatsächlich nimmt aber das Volumen der Haut zu. Häufig prickelt es dann auch in den Gliedern.

Auch diesen Eindruck kennen Sie: wenn Sie ohne Handschuhe bei niedriger Außentemperatur unterwegs waren, konnten Sie sicherlich hin und wieder beobachten, daß die Finger zunehmend blasser wurden. Das war eine Folge der geringeren Durchblutung dieser Gebiete. Sobald es Ihnen insgesamt wärmer wurde, wurde die Durchblutung der Peripherie wieder erhöht. Sichtbare Folgen waren eine zunehmend rosigere Haut und eine Volumenzunahme. Spürbar war häufig ein Kribbeln und eine zunehmende Erwärmung.

Es ist durchaus möglich, daß sie diese Begleiterscheinungen

noch nie bewußt wahrgenommen haben. Vielleicht haben Sie auch einfach vergessen, wie sich das anfühlt. Sie werden feststellen, daß Sie es dennoch recht schnell spüren können. Tatsächlich kann der Temperaturunterschied der Haut einige Grad Celsius betragen.

In diesen Zusammenhang gehört noch ein Mechanismus, der der gleichen Regelung unterliegt und ein Verständnis fördert: die Kühlung des Körpers. Von Kursteilnehmern wird - v.a. bei höheren Raumtemperaturen - immer mal wieder eingewendet, daß sie lieber eine Formel zur Kühlung des Körpers hätten, es sei Ihnen ohnehin zu warm. Würden sie nun auch noch an Wärme denken, sei es vielleicht gar nicht mehr auszuhalten. Ist die Raumtemperatur hoch, so beginnt der Körper sich zu kühlen. Dazu führt er u.a. Wärme an die Hautoberfläche, indem er die Durchblutung der Haut steigert. An der Körperoberfläche wird die Temperatur des Blutes (durch die kühlere Luft) gesenkt und wieder zurück in das Körperinnere geleitet. Wenn der Körper sich gleichzeitig in Ruhe befindet, produziert er verhältnismäßig wenig Wärme, die Kühlung funktioniert also recht effektiv.

Nun kann daraus gefolgert werden, daß Sie sich umso besser kühlen können, je ruhiger Sie sind und je mehr Blut (=Wärme) in die Haut geleitet wird.

Ein ständig wiedererlebtes Beispiel kennen Sie aus Ihren nächtlichen Ruhephasen. Wenn Sie abends zu Bett gehen, fühlen Sie sich vielleicht sehr warm und bedecken sich dementsprechend wenig. Auch bei gleichbleibender Zimmertemperatur werden Sie sich im Laufe der Nacht wahrscheinlich zudecken, weil durch den beschriebenen Mechanismus mehr Wärme abgegeben als gebildet wird.

Erleichternde Vorstellungen

Wie bereits beschrieben, ist die Bedeutung der Vorstellung für die Veränderung vegetativ gesteuerter Körperfunktionen sehr groß. Gedächtnisinhalte, die Wärmeempfindungen repräsentieren, sind z.B.:

Das Gefühl der wärmenden Sonne. Sicherlich sind Sie schon des öfteren in der Sonne gelegen und gesessen und haben ihre warmen Strahlen genossen. Sie kennen das Gefühl der Wärme, die durch die Haut nach innen strahlt und mehr und mehr zu einer wohligen, tiefen Entspannung führt.

Wenn Sie nicht ohnehin in Ihrem Bett üben, so erinnern Sie sich aber an das Gefühl der Bettdecke auf Ihrem Körper und der wärmenden Tasche, die sie zusammen mit der Matratze bildet.

Ein fast überwältigendes Wärmeempfinden verspüren manche Menschen, wenn sie in das warme Wasser einer Badewanne steigen. Es fällt den Augenlidern dann besonders leicht, schwer nach unten zu sinken. Auch ein Aufenthalt in der Sauna vermittelt beeindruckend die Wärme.

Wohl jeder hat die wohltuende Wirkung eines warmen Fußbades schon einmal genossen. Sie kennen das Gefühl, wenn die Wärme des Wassers auf die Haut übergeht und den Fuß immer tiefer erwärmt. Die Haut rötet sich. Die Adern schwellen mehr und mehr sichtbar und spürbar an. Nach einiger Zeit beginnen die Fußsohlen zu kribbeln und bald brennen sie angenehm. Die Füße werden dicker. Sie beginnen zu schwitzen. Die Wärme steigt bald nach oben, zunächst in den Unterschenkel und in die Knie. Sie ist irgendwann im Oberkörper zu spüren. Schließlich können Sie sogar am ganzen Körper wohlige Wärme spüren.

Anwendung der Formeln:

Für den ersten Satz erinnern Sie sich an das bekannte Gefühl der Wärme, wie oben beschrieben. Sie sollen weder versuchen, Wärme zu produzieren, noch sollten Sie auf ein überwältigendes Gefühl großer oder zunehmender Wärme warten. Falsch wäre es auch, würden Sie versuchen, bestimmte Körperteile zu erwärmen, indem Sie sich ganz besonders auf diese Teile konzentrieren. Das, was Sie dagegen zur Unterstützung Ihres Trainings tun sollen, ist, in der entspannten Haltung, in der Sie sich befinden, die Wärme zu spüren, die Sie in Ihrem Körper vorfinden. Gleichgültig, wo Sie Wärme finden und wie intensiv Sie sie spüren. Dabei werden Sie feststellen, daß Sie an den verschiedenen Körperstellen unterschiedlich intensiv gespürt wird. Dieser Unterschied ist ganz normal. Er hat etwas mit der Bewußtheit zu tun, mit der diese Stellen von Ihnen wahrgenommen werden. Die Arme und Hände, an denen recht häufig bewußt Temperatur gespürt wird, werden meist schneller warm empfunden.

Den zweiten Satz verwende ich, weil mir diese Kombination von Ausatmen (=Loslassen der Entspannung) und strömender Wärme sehr stimmig scheint. Viele Teilnehmer haben diesen Eindruck im Laufe der Jahre auch bestätigt. Sie können sich dabei die Arterien als ein Schlauchsystem vorstellen, das sich beim Ausatmen entspannt. Dadurch weiten sich die Wände der „Schläuche“, was zur Folge hat, daß mehr Wärme hindurchströmt.

5.3 Die Atemformel

Standardformel:	**ES ATMET MICH**
Mögliche andere Formel:	Ich überlasse mich meinem Atem

Voraussetzung für die Übung: Loslassen der Kontrolle als Voraussetzung und als Ziel

Eine entspannte Haltung, in der die Atmung nicht eingeschränkt wird, ist wichtig.

Viele Menschen sind bestrebt, die „Richtigkeit“ ihrer Atemzüge einzuhalten. Es wird dazu eine bewußte Kontrolle dieser Körperfunktion angestrebt. Allerdings kann eine bewußte Steuerung der Atmung nicht zum gewünschten Ziel führen. Unser Bewußtsein besitzt nämlich nicht die zur Ermittlung des Sauerstoffbedarfs des Körpers notwendigen Informationen. Unbewußt dagegen werden all die Daten der Körperzustände an das Atemzentrum im Gehirn gemeldet, die für eine gesunde Atmung als Vorinformationen nötig sind.

Es muß unterschieden werden zwischen der bewußten Kontrolle, die vermieden werden soll und einer Bewußtheit der Atmung. Einem außenstehenden Beobachter kann die Atmung ganz unverfänglich bewußt sein, weil er sie sieht, vielleicht auch hört und spürt, ohne emotional beteiligt zu sein. Ziel dieser Formel, ist die bewußte **Beobachtung** der Atmung, verbunden mit entspannenden Vorstellungen zum Atmen (s.u.). An dieser Stelle kann eine bildhafte Vorstellung von Krishnamurti (Pupul Jayakar: Krishnamurti - Leben und Lehre) erhellend wirken:

„Man sollte unbeschwert wie ein Gast in seinem Haus oder seinem Körper leben. Wenn man Gast ist, ist man mit nichts verhaftet, man geht leichtfüßig über die Erde."

Demnach ist es das Ziel der Atemübung, bzw. der Sinn des AT schlechthin, genau den Abstand von allem uns betreffenden zu bekommen, der es uns ermöglicht, nichts so sehr festzuhalten, daß es uns beeinträchtigen würde, müßten wir es irgendwann wieder loslassen.

Jeder hat schon einmal erlebt, daß manches gerade dann besonders gut funktioniert, wenn man sich endlich entschlossen hat, keinen Einfluß mehr darauf zu nehmen.

Wenn Sie den Zustand erreicht haben, in dem Sie „die Atmung loslassen" können, sind Sie am Ziel dieser Formel. Vielleicht spüren Sie nun so etwas wie einen schnelles Gleiten in eine tiefere Ruhe. Gleichzeitig haben Sie eine wichtige Voraussetzung erlangt, um insgesamt wesentlich tiefer zu entspannen.

Wodurch beruhigt sich die Atmung?

Durch die Entspannung, die sich im Laufe der Übung im Körper ausbreitet, wird auch der Sauerstoffbedarf gesenkt. Deshalb kann das Atemzentrum, das sich im Hinterkopf befindet, Atemfrequenz und -tiefe reduzieren. Das kann so weit gehen, daß die Atmung schließlich kaum noch wahrgenommen wird. Keinesfalls wird sie jedoch durch das AT weniger intensiv, als jede Nacht im Schlaf. Es wird also kein in irgendeiner Form bedrohlicher Zustand erreicht werden. Die Körperfunktionen werden mit der gleichen Zuverlässigkeit gesteuert, wie im nächtlichen Schlaf auch.

Diejenigen Teilnehmer, denen es gelingt, die bewußte Kontrolle über die Atemfunktionen aufzugeben, berichten über eine besonders tiefe Absenkung der Ruhe bei Anwendung dieser Formel. Wie kaum eine andere vegetativ gesteuerte Körperfunktion ist die Atmung durch bewußte Eingriffe zu verändern. Um es anhand anderer Organe beispielhaft zu verdeutlichen: weder der Darm, noch der Magen oder die Galle kümmern sich wesentlich darum, wenn wir ihre Funktion bewußt verändern wollen. Aber es ist ohne weiteres möglich, die Luft für einige Zeit anzuhalten oder - auch ohne besondere Gründe - sehr schnell, langsam oder unregelmäßig zu atmen.

Der Spannungszustand des Körpers zeigt sich auch in der Art unserer Atmung. Gelingt es uns, unseren Körper zu ent-spannen, wird sich auch die Atmung be-ruhigen. Ähnlich verhält es sich umgekehrt: beruhigt sich die Atmung, wirkt sich das entspannend auf den ganzen Körper aus. Es wäre so betrachtet also von großem Vorteil, würde es uns gelingen, die Atmung zu beruhigen. Wenn überhaupt, gelingt uns ein solches Vorhaben jedoch nicht über eine bewußte Kontrolle. Wir würden im Gegenteil dadurch eher Spannung verstärken.

Gerade zu Beginn eines Kurses fällt es nicht immer leicht, die Kontrolle über die Atmung loszulassen. Dies ist aber auch gar keine Voraussetzung, um das AT zu erlernen, sondern vielmehr ein gewünschtes Ergebnis.

Hin und wieder erleichtert die absichtlich bewußt gesteuerte Atemtätigkeit die Aufgabe eben dieser Kontrolle. Wenn Sie unter zu großer Spannung stehen, kann der Versuch, die Steuerung der Atmung Ihrem Körper zu überlassen, zu einem Erlebnis der Unruhe führen. In diesen seltenen Fällen kann es hilfreich sein, bewußt ruhig zu atmen.

Eine Möglichkeit, durch die Kontrolle des Atemverhaltens eine Beruhigung zu erreichen, ist die bewußte Einhaltung eines bestimmten Verhältnisses zwischen Länge des Ein- und Ausatmens. Am besten verständlich wird das an folgender Skizze:

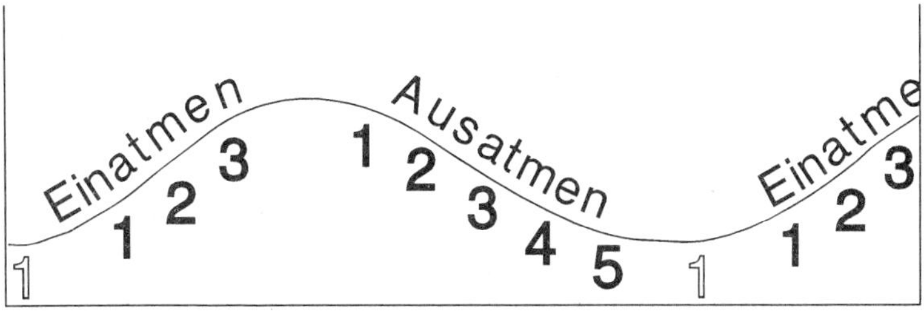

Abb. 3: Kurve zum Verhältnis Ein-, Ausatmen

Die Zeit, die zum Einatmen benötigt wird, steht in einem ganz bestimmten Verhältnis zu der Zeit, die zum Ausatmen benötigt wird. So können Sie beim Einatmen bis drei, beim Ausatmen aber bis fünf zählen, vor dem nächsten Atemzug liegt eine kleine Pause. In Zahlen gefaßt beträgt das Verhältnis Einatemzeit zu Ausatemzeit zur Pause vor dem nächsten Atemzug ungefähr 3:5:1. Wieviel Zeit jemand benötigt, um ein- und wieder auszuatmen, ist individuell verschieden. Wichtig ist an dieser Stelle in erster Linie das **Verhältnis** zwischen den einzelnen Atemphasen.

Der Weg, eine unruhige Atmung wieder ruhig werden zu lassen, der dem Körper am besten gerecht wird, ist, zu lernen, ihm die Tiefe und Häufigkeit der Atemzüge selbst zu überlassen, zum Beispiel durch die Anwendung von Autogenem Training.

Eine immer wieder auftauchende Frage ist die nach der Bauch- bzw. Brustatmung. Tatsächlich verhält es sich so, daß wir im Ruhezustand in erster Linie „durch" den Bauch atmen. Natürlich strömt die Luft nie durch oder in den Bauch, sondern immer in die Lunge. Gemeint ist damit vielmehr, daß das Zwerchfell sich beim Einatmen anspannt und auf diese Weise das Volumen der Lunge nach unten erweitert wird. Dadurch können wir sehen, wie der Bauch sich beim Einatmen nach außen wölbt. Entspannt sich nun das Zwerchfell, bewegt es sich nach oben gegen die Lunge, so daß der Bauch sich nach innen bewegt und die Luft aus den Lungen ausströmt.

Die Phase der Einatmung ist aktiv, d.h. es werden Muskeln angespannt, die das Volumen der Lunge erhöhen und dadurch einen Unterdruck in ihr entstehen lassen. Dieser Unterdruck hat zur Folge, daß Außenluft einströmt. Die Phase des Ausatmens ist dagegen gekennzeichnet von Entspannung: Zwerchfell und Atemmuskeln werden ent-spannt, dadurch wird die Luft nach außen gedrückt.

Diese Passiv-Phase des Ausatmens kann als Träger oder Vehikel benutzt werden. Oft ganz unbewußt geschieht das, wenn wir seufzen. Diese Art, Luft aus uns herausströmen zu lassen führt - wenigstens für einen Moment - zu einer spürbaren Lösung der Spannung sowohl im körperlichen als auch im psychischen Bereich. Seufzer könnten als Notventil bezeichnet werden. Sie kommen besonders häufig in Phasen längerdauernder Anspannung vor (bei Depression, Angst, hoher körperlicher Belastung, usw.).

Erleichternde Vorstellungen

Eine durch das Bewußtsein nicht kontrollierte Atmung wird in Ruhe oft als ein Geschaukelt-werden geschildert. Erinnerungen, die dieses Gefühl vermitteln, sind mit Booten, Schaukelstühlen oder auch Hängematten verbunden. Auch das Bild eines Kindes, das an die wärmende Brust der Mutter oder des Vaters gelehnt ruht und dabei sehr intensiv die ruhige Atmung der Eltern spürt, kann hilfreich sein.

Vielleicht mögen Sie das Gefühl, an einem warmen Tag in einem Boot auf einer Decke zu liegen, ohne jede Verpflichtung einfach den Augenblick genießend. Sie fühlen Wärme und spüren das ruhige und gleichmäßige Schaukeln ganz regelmäßiger und sanfter Wellen. Das Gewicht Ihres Körpers drückt Sie in die weiche Decke unter Ihnen. Die Luft ist lau und vom Duft der Natur erfüllt, es sind kaum Geräusche zu hören, manchmal das leise Plätschern der Wellen an der Außenwand des Bootes. Und das sanfte, regelmäßige Schaukeln läßt Sie in tiefer Ruhe genießen.

Wenn Sie Wasser oder Boote nicht mögen, können Sie sich genausogut vorstellen, in einem schönen Garten in einer Hängematte zu liegen. Ein leichter Wind bewegt kaum merklich die Hängematte, so daß sie in stetiges, leichtes Schaukeln gerät. Ihr eigenes Gewicht läßt die Hängematte gleichmäßig weiterschwingen, immer wieder unterstützt auch vom warmen Wind. Der gleiche warme Wind bewegt die Blätter der Pflanzen in ihrer Umgebung und ist als leises Rauschen zu hören. Er trägt den vielfältigen, angenehmen Duft der Natur zu Ihnen.

Oder auch auf einem Schaukelstuhl im warmen Zimmer, vielleicht neben einem Kachelofen. Dabei können Sie hören, wie bei jeder leichten Schaukelbewegung der Boden unter den Kufen des Stuhles leise knarrt. Ihr Körpergewicht wird von diesen Kufen getragen und auf den Boden über-tragen. Ihre Haut genießt die wohlige Wärme des Ofens.

Vielleicht gibt es andere, Ihnen das gleichmäßige, passive Gefühl des Atmens vermittelnde Vorstellungen. Nutzen Sie sie.

Anwendung der Formeln:

„Ich überlasse mich meinem Atem“

In Ruhesituationen benötigen wir weniger Sauerstoff. Deshalb wird die Atmung ruhiger und gleichmäßiger. Die Beobachtung dieser stetigen Bewegung wirkt beruhigend. Ziel ist es, sich vertrauensvoll der eigenen Körperrhythmik zu überlassen - die bewußte Kontrolle aufzugeben.

„Es atmet mich“

Mit „Es“ kann ganz konkret das Atemzentrum des Gehirns gemeint sein, das die notwendigen Steuerungsfunktionen tatsächlich innehat. In einem übergeordneten Sinne kann „Es“ aber auch verstanden werden als das Prinzip, das unser Leben schlechthin schafft und erhält (Gott, Kosmos oder ähnliches).

Versuchen Sie, so wie ein außenstehender Beobachter, jegliche bewußte Kontrolle der Atmung loszulassen. Sie können sich bildhaft vorstellen, wie Sie die Hände öffnen und Ihren Atem der Fürsorge Ihres Atemzentrums überlassen.

5.4 Die Herzformel

Standardformel: **MEIN HERZ SCHLÄGT RUHIG UND GLEICHMÄßIG.**

oder: **MEIN HERZ IST ANGENEHM WARM DURCHSTRÖMT.**

Andere Formeln: Mein Herz schlägt ruhig und kräftig.
Mein Herz schlägt ruhig und warm.
Es durchpulst mich.
Mein Puls schlägt ruhig und gleichmäßig.

Voraussetzungen für die Übung

Um den Herzschlag spüren zu können ist eine ruhige Lage des Körpers und eine störungsarme Umgebung wichtig.

Das Herz drückt das Blut in gleichmäßigen Schüben in die Arterien. Der Herzschlag setzt sich somit in der Pulswelle durch alle Arterien fort. Es fällt leicht, diesen Pulsschlag an großen Arterien, die an der Körperoberfläche liegen, zu ertasten (z.B. an der Halsschlagader oder am Handgelenk). Doch auch ohne die Finger anzulegen läßt sich dieses Pulsieren spüren. Oft fällt diese Wahrnehmung an jenen Abschnitten des Körpers leichter, an denen von außen Druck ausgeübt wird, so z.B. wenn der Arm aufliegt oder der Rücken sich an eine Lehne drückt.

Achten Sie vor der Übung für einige Zeit darauf, wo Sie Ihren Puls- oder Herzschlag spüren und beobachten Sie, was Sie dabei fühlen. Wenn Sie lange genug hinfühlen, stellen Sie vielleicht fest, daß die Häufigkeit und die Stärke, mit der das Herz schlägt, sich manchmal verändern. Eventuell erkennen Sie, daß diese Veränderungen mit Gedanken ebenso zusammenhängen können, wie mit dem Spannungszustand der Muskulatur und mit der Atemfrequenz oder -tiefe. So werden Sie in der Ruhephase immer dann Ihr Herz schneller oder stärker schlagen spüren, wenn sie zuvor körperlich sehr aktiv waren. Nach einiger Zeit des ruhigen Liegens oder Sitzens werden Sie jedoch eine Beruhigung auch des Herzschlags feststellen.

Neben körperlichen gibt es auch psychische Ursachen für eine verstärkte oder beschleunigte Herztätigkeit. Sorgen, Ärger und Ängste können beunruhigend wirken. Es kann durchaus vorkommen, daß Sie in der Übung schon eine gewisse Tiefe erreicht haben und dann durch Gedanken an ein belastendes Ereignis gestört werden. Beispielsweise denken Sie unvermittelt an ein bevorstehendes schwieriges Gespräch, oder an einen Gerichtstermin, oder auch an einen Streit in der Vergangenheit, oder eine andere unangenehme, sie belastende Angelegenheit. Ihr Gehirn reagiert in jedem dieser Fälle wie bei einer momentanen Bedrohung. Es leitet diejenigen Mechanismen ein, die dafür sorgen, daß Energie bereitgestellt wird und Sie sich verteidigen können. Dazu gehört eine erhöhte Atemfrequenz ebenso, wie eine erhöhte Herzaktivität. Akzeptieren Sie diesen Mechanismus als im Moment für Ihren Körper eben passend und sinnvoll, so wird nach einer gewissen Zeit wieder Ruhe einkehren. Wehren Sie sich aber dagegen, indem Sie sich ärgern oder mit dem Herzen hadern, so steigern Sie die Herztätigkeit eher noch. Für das Nervensystem ist Ärger nämlich ein weiterer Auslöser zur Erhöhung der sympathischen Aktivität (siehe Kapitel 3).

Wodurch beruhigt sich die Herztätigkeit?

In der mehr oder weniger tiefen Ruhe, die schon eingetreten ist, sobald Sie bei der Herzformel ankommen, hat sich auch das Herz beruhigt.

Die Umschaltung in den Ruhezustand hat auch eine Entlastung des Herzens zur Folge. Deshalb kann das Herz sich sozusagen ausruhen und langsamer und weniger kräftig schlagen. Die Herztätigkeit sinkt jedoch nicht weiter ab, als sie es im täglichen Schlaf oder in anderen Entspannungssituationen auch tut. Wenn Sie nun Ihre Aufmerksamkeit auf die Herz- oder Pulstätigkeit lenken, und das regelmäßige Pulsieren beobachten, wirkt das spannungslösend.

Auf Ängste in Bezug auf die Herztätigkeit wird in Kapitel 7 eingegangen.

Erleichternde Vorstellungen

Die Vorstellung eines Taktgebers für ein Klavier, der auf eine ruhige Frequenz eingestellt ist, kann sehr beruhigend wirken. Oder auch hier das Bild eines Kindes, das sich an der Brust der Eltern ausruht, dort Schutz und Geborgenheit findet und vom ruhigen, gleichmäßigen Herzschlag der warmen Brust, an die es sich in tiefem Vertrauen lehnt, begleitet wird.

Für den zweiten Satz, der von der Wärme des Herzens handelt, ist die Vergegenwärtigung eines Schlauchsystems nützlich, durch das bei Ruhe deutlich mehr Wärme fließen kann, weil sich die Schlauchwände entspannen. Sie können sich auch daran erinnern, wie angenehm das Gefühl ist, wenn die Sonne auf Ihre Brust scheint. Sie können sich vorstellen, wie die Strahlen bis tief in Ihre Brust hinein auch Ihr Herz wärmen.

Ein Teilnehmer erzählte vor kurzem, er habe sich vorgestellt, das Herz sei von zwei wärmenden Händen schützend umgeben. Dieses Bild bewirkte ein warmes Gefühl der Geborgenheit in seiner Herzgegend.

Anwendung der Formeln

„Mein Herz schlägt ruhig und gleichmäßig"

Für einige Teilnehmer ist es anfangs ungewohnt, ihr Herz zu beobachten. Deshalb dauert es hin und wieder ein paar Tage, bis überhaupt wahrgenommen wird, was mit dieser Formel angesprochen werden soll. Grundsätzlich ist das Schlagen des Herzens bzw. die daraus resultierende Pulswelle an jeder Körperstelle spürbar.

Achten Sie bei dieser Formel lediglich darauf, wo im Körper Sie Ihren Herz- oder Pulsschlag spüren können. Versuchen Sie nicht, ihn bewußt zu beeinflussen. Wir haben keinen direkten Zugriff auf diese vegetative Funktion. Stellen Sie sich vielmehr vor, wie es sich anfühlt, wenn das Herz ruhig und gleichmäßig schlägt.

„Mein Herz ist angenehm von Wärme durchströmt"

Wenn jemand Herz-Rhytmus-Störungen hat, schlägt sein Herz nicht immer gleichmäßig. Es hat dann auch wenig Sinn, sich eine Regelmäßigkeit zu suggerieren. Leicht entsteht dadurch ein gegenläufiger Effekt, indem man sich über den offensichtlichen Widerspruch ärgert, und den Glauben an die Wirksamkeit des AT ein Stück weit verliert. Um diesen Widerspruch zu vermeiden, können Sie den zweiten Satz anwenden. Warm durchströmt ist das Herz immer. Es ist denkbar, daß die Vorstellung der Wärme im Herzen die Durchblutung dieses Organs fördert.

Tatsächlich wird immer wieder von betroffenen Teilnehmern berichtet, daß Ruhe ihre Herz-Rhythmus-Störungen abklingen läßt.

„Es durchpulst mich."

Dieser Satz empfiehlt sich, wenn Sie den Pulsschlag an mehreren Stellen des Körpers nahezu gleichzeitig spüren können. Das Blut durchläuft die Haut in Arterien. Der Druck verändert sich also wie eine Welle vom Herzen fort. Diese „Welle“ ist bei genügend großer Sensibilität spürbar.

5.5 Die Bauchformel

Standardformel: **MEIN BAUCH IST ANGENEHM VON WÄRME DURCHSTRÖMT.**

Andere Formeln: Mein Bauch ist strömend warm.

Mein Bauch ist angenehm weich und weit.

Mein Sonnengeflecht ist angenehm von Wärme durchströmt.

Mein Sonnengeflecht ist strömend warm.

Voraussetzungen für die Übung

Um Wärme im Bauch spüren zu können, muß anfangs die Umgebungstemperatur stimmen. Das bedeutet, daß Sie warme Kleidung tragen, oder aber für eine entsprechend hohe Raumtemperatur sorgen sollten. Eine gewisse Entspannung erleichtert die Konzentration auf die erwartete Empfindung.

Der meist kleinere Teil der Gruppe spürt seinen Bauch, bzw. die Wärme darin von Anfang an. Für die anderen ist diese Wahrnehmung ungewöhnlich. Nach einigen Übungen sensibilisiert sich das Gefühl jedoch für dieses Empfinden. Hilfreich ist es, wenn Sie die Hand auf den Bauch legen und so zum einen den Bauch spüren, zum anderen die vorhandene Wärme durch die warme Hand verstärken.

Wie kommt Wärme in den Bauch?

Teil der „Umschaltung" ist eine bessere Durchblutung der inneren Organe. Ganz allgemein nutzt der Körper die Ruhephase, um sich zu regenerieren. Dazu wird Energie in den beteiligten Organen benötigt, die wiederum der vermehrte Blutstrom anliefert. Sozusagen ein Nebeneffekt ist die erhöhte Erwärmung, als Begleiterscheinung der vermehrten Durchblutung.

Auch bei dieser Übung gilt die wichtige Erkenntnis, daß keine Zunahme der Wärme erwartet, sondern der Ist-Zustand beobachtet werden soll. Zwar nimmt die Erwärmung in Ruhe tatsächlich zu, jedoch ist eine solche Veränderung der Temperatur anfangs schwer oder gar nicht spürbar.

In der Entspannung ist der Bauch warm, locker, weich und weit.

Es ist für uns im Alltag nicht üblich, auf die Temperatur im Bauch zu achten. Daher fällt es manchen Teilnehmern schwer, für diese Formel eine Entsprechung im Körper zu spüren. Wenn im Alltag auf den Bauch geachtet wird, dann meist in Bezug auf seinen Umfang oder aber in Verbindung mit Schmerzen.

Es bedarf aber lediglich einer Zeit der Übung, in der die Wahrnehmung für den Leib und die Vorgänge darin sensibilisiert wird. Dabei geht es nicht um das Erspüren von durch das AT verursachten Hitzesensationen. Zum einen ist der Effekt anfangs nicht sonderlich deutlich. D.h. zu Beginn eines Kurses verändert sich die Durchblutung nicht so großartig, daß ein deutlicher Unterschied spürbar werden würde. Zum anderen sind Menschen, die zuvor keinerlei Sensibilisierungsübungen (wie beispielsweise irgendein Entspannungsverfahren) regelmäßig betrieben haben, meist nicht in der Lage, die ohnehin vorhandene Wärme zu spüren. Also kann auch keine Veränderung wahrgenommen werden, denn die Veränderung müßte in Relation gesetzt werden zur Normalität. Diese Normalität aber ist für die meisten Teilnehmer zu Beginn des Kurses eben das Nicht-spüren von Temperatur im Leib. Deshalb kann die Aufgabe für den Beginn des Kurses nur die Wahrnehmung der **momentan vorhandenen** Temperatur sein.

Erleichternde Vorstellungen

Jeder hat schon oft einen warmen Tee getrunken und kennt das Gefühl, wie die Wärme vom Mund durch den Hals in den Bauch strömt. Ähnliches gilt für andere warme Flüssigkeiten oder auch Suppen.

Bekannt ist sicherlich auch das Gefühl der Entspannung, die sich von der Wärme im Bauch über den ganzen Körper und auch in den Kopf ausbreitet. Man denke nur einmal an das sich ausbreitende Gefühl tiefer Ruhe nach einer warmen Mahlzeit.

Eine andere Vorstellung ist die einer Wärmflasche auf dem Bauch. Oder - für diejenigen, denen eine solche Flasche zu schwer ist - kann das Bild einer (Heiz-) Decke, die die Wärme in den Bauch strahlt, angenehm wirken. Mancher kennt auch die wärmende Wirkung einer Rotlicht-Lampe, deren Wärme sich wohlig über den Bauch ausbreitet.

Und schließlich ist jeder oft in der Sonne gesessen oder gelegen. Die Sonne erwärmt die Kleidung auf dem Bauch oder auch die Haut direkt und diese Wärme strahlt tief in den Bauch hinein.

Schultz verwendete ursprünglich den Begriff des „Sonnengeflechts". Tatsächlich gemeint ist damit ein Nervengeflecht im Bauchraum, etwa hinter dem Magen. Mir fiel es immer etwas schwer, mir vorzustellen, wie ein Nervengeflecht sich erwärmt. Dagegen ist das Wort Bauch sehr konkret und ich kenne die Erfahrung der Wärme im Bauchraum. Deshalb verwende ich die beiden erstgenannten Sätze. Andererseits ist die Vorstellung einer Sonne, die den Bauch von innen wärmt, oder auf ihn scheinend, ihre Wärme tief in ihn hinein strahlt, wohl eines der besten Bilder für Wärme. Versuche, auf die Vorstellung des Sonnengeflechts umzustellen, erwiesen sich in meinen Kursen als nicht sehr praktikabel. Die meisten Teilnehmer empfanden die Vorstellung der Wärme im spürbar und sichtbar vorhandenen Bauch als hilfreicher, im Vergleich zur Vorstellung eines Sonnengeflechts, das nur erahnt werden kann.

Es ist sehr hilfreich, bei der „Bauchformel" nicht nur an Wärme, sondern auch an sich lösende Spannungen zu denken. So können Sie sich vorstellen, ein zu eng um den Bauch geschnallter Gürtel wird von Ihnen geöffnet. Stellen Sie sich möglichst bildlich vor, wie dadurch der Bauch an Raum gewinnt und sich ungehindert ausdehnen kann.

Ein verspannter Bauch ist hart. Malen Sie sich aus, wie er sich anfühlt, wenn er weich ist. Erinnern Sie sich daran, wie es sich anfühlt, wenn sie Ihre Hand auf einen warmen, weichen Bauch legen. Vielleicht spüren Sie dann auch, wie Ihr Bauch sich freut über die Nähe und Wärme der Hand.

Anwendung der Formeln:

Stellen Sie sich Wärme im Bauch vor, sowie weiche und lockere Bauchmuskeln. Lassen Sie es gut sein, wenn Sie zunächst nur eine unklare oder gar keine Empfindung haben. Damit geht es Ihnen nicht anders als der Mehrheit der Anfänger. Legen Sie vielleicht Ihre Hand auf den Bauch und genießen Sie die Wärme, die zwischen Hand und Leib entsteht.

5.6 Die Stirnformel

Standardformel: **MEINE STIRN IST ANGENEHM KÜHL.**

Andere Formel: Meine Stirn ist angenehm weit.

Voraussetzungen für die Übung

Auch bei dieser Formel fällt es den meisten Teilnehmern eher schwer, gleich zu Beginn Kühle an der Stirn zu spüren. Diese Form der Beachtung unseres Kopfes ist nicht gebräuchlich, weshalb die Sensibilität dafür denn auch in der Regel eher gering ist. Im Alltag wird schon häufiger auf eine Feuchtigkeit oder auch Wärme (Fieber) der Stirn geachtet.

Wenn die Kühle verspürt wird, dann wird sie zumeist als Windhauch erlebt, auch bei geschlossenen Fenstern und Türen.

Wie entsteht Kühle an der Stirn?

In der Entspannung verringert sich die Durchblutung des Gehirns etwas. Dadurch wird auch die Temperatur reduziert. Denn in jenen Körperteilen, in denen mehr Blut fließt, ist auch mehr Wärme zu spüren. Umgekehrt ist bei reduziertem Blutdurchfluß eben eine Senkung der Temperatur registrierbar. Die relative Kühle, die eintritt, ist nicht im Gehirn selbst zu bemerken, weil sich dort keine Temperaturfühler befinden. Sie ist aber spürbar an der Stirn und an den Schläfen.

Nicht der ganze Kopf wird kühl, das Gesicht (abgesehen von der Stirn), die Kiefer, der Bereich der Nebenhöhlen und der Ohren und der Nacken werden in der Entspannung besser durchblutet und dadurch wärmer.

Wichtig ist, an dieser Stelle zu vermerken, daß nicht eine Kälte vorgestellt werden sollte, weil dadurch die Durchblutung zu sehr vermindert werden könnte, was wiederum Kopfschmerzen nach sich ziehen kann. Die Empfindung einer angenehmen Kühle ist das Ziel.

Erleichternde Vorstellungen

Ein kühler Windhauch, der über die Stirn streift, ist etwas, das jeder schon des öfteren erfahren hat. Daher ist die Erinnerung an dieses Gefühl eine gute Voraussetzung. Auch eine kühle Hand lag wohl schon häufig auf jeder Stirn.

Eine sehr eindrückliche Vorstellung ist die Erinnerung an ein Sonnenbad, bei dem die Stirn durch den Schatten einer Palme/ eines Olivenbaumes/eines Sonnenschirmes oder durch ein Tuch, bzw. einen Hut vor übermäßiger Wärme geschützt war.

Anwendung der Formeln

Nach der Wärme des Bauches wenden Sie sich der Empfindung einer kühlen Stirn zu.

Die Kühle der Stirn ist die durch die verringerte Durchblutung hervorgerufene Wahrnehmung. Dagegen ist das Empfinden einer Weite des Kopfes wohl als Folge der generellen Muskelentspannung auch im Bereich des Kopfes zu sehen. Beides ist natürlich miteinander verbunden, so daß die Empfindung des einen darauf schließen läßt, daß auch die andere Wahrnehmung möglich ist - bei ausreichender Sensibilisierung.

Als erschwerend wird manchmal die Umstellung von der bisher vorzustellenden Wärme auf nun zu bemerkende Kühle genannt. So ist diese Kühle denn auch bei manchen Teilnehmern nicht im Kopf, sondern an anderen Körperstellen spürbar. Oft habe ich auch gehört, die Wärme sei aus den Gliedern weg in andere Körperteile geflossen.

Man könnte den Eindruck bekommen, die Umstellung von der inzwischen gewohnten Wahrnehmung der Wärme auf nun zu spürende Kühle bringt das Körpertemperaturempfinden bei manchen Teilnehmern zunächst einmal durcheinander. Jedoch sind mir diese Schwierigkeiten nie als bleibend geschildert worden. Nach wenigen Übungen war wieder alles „in Ordnung". Das ist auch nicht anders zu erwarten, weil nur etwas wahrgenommen werden soll, das ohnehin vorhanden ist. Und in der Ruhe sind die Glieder warm und die Stirn ist relativ kühl. Ist Entspannung während der Übung vorhanden, so entspricht auch die Blutverteilung der geschilderten Ordnung. Dementsprechend wird bei zunehmender Feinfühligkeit für den Körper die entsprechende Empfindung an der richtigen Stelle gespürt.

5.7 Verkürzung der Formeln auf Ihre Essenz

Nach einigen Wochen der Übung werden die erwünschten Veränderungen hin zur Ruhe sozusagen „automatisch" vonstatten gehen. Eine bewußte Hinwendung zu den einzelnen Formeln wird weniger Konzentration erfordern.

Nun können Sie die Formeln auf das Eigentliche reduzieren, wenn Sie das möchten. Das kann eine Vertiefung der Entspannung fördern.

Welche Begriffe oder Vorstellungen Sie dazu verwenden, ist nicht entscheidend. So kann die erste Formel in dem Wort „Schwere" repräsentiert werden. Genausogut können Sie sich auch einen Elefantenfuß vorstellen, der sich auf den Boden senkt und ein enormes Gewicht auf den Boden bringt.

Bei der zweiten Formel können Sie einfach nur „Wärme" denken, oder sich eine Sonne oder ein ähnlich wirksames Bild vorstellen.

Mit den anderen Formeln verfahren Sie ähnlich. Entscheidend ist nicht der Begriff oder das Bild oder die Vorstellung, sondern vielmehr die Zuverlässigkeit, mit der das Symbol, das Sie wählen, die gewünschte Empfindung auslöst. Mögliche Reduzierungen der Formeln finden Sie in der nun folgenden Übersicht hinter den Standardformeln.

5.8 Übersicht über die Formeln

Aufgeführt habe ich an dieser Stelle nur die Sätze, die ich in meinen Kursen anwende. Nach der eigentlich letzten Formel (Stirn) hat es sich für mich bewährt, noch einmal bewußt an die Schwere und Wärme zu erinnern. Es sind dies die Folgen der Entspannung, die am deutlichsten gespürt werden können. Eine solche nochmalige Konzentration darauf bewirkt meist eine Vertiefung der Entspannung. Sie bringt daneben aber auch eine wichtige Erkenntnis: Es ist nicht notwendig, die einzelnen Vorstellungen oder Empfindungen ständig im Bewußtsein zu behalten. Gerade Schwere- und Wärmeempfindung vertiefen sich während der ganzen Übung, nicht nur in der Zeit, in der Sie daran denken. Der Grund liegt auch in der fortschreitenden Entspannung der Muskulatur, die ein deutlicheres Gefühl der Schwere nach sich zieht. Ohne daß Sie daran denken, erhöht sich während der Ruhe auch die Durchblutung, wodurch die Durchwärmung der Haut verstärkt wird.

Die Gefühle der Schwere und der Wärme nehmen also bis zur Stirnübung deutlich zu. Auch wenn Sie nicht daran denken. Das belegt den Sinn einer wichtigen Vorgehensweise: Sie sollten nicht bei den jeweiligen Formeln verharren, bis Sie auch tatsächlich die einzelnen Phänomene spüren. Gehen Sie vielmehr - unabhängig von der Intensität Ihrer Empfindung - nach einiger Zeit zur nächsten Formel weiter. Sonst behindern sie sich selbst beim Training und geben im ungünstigsten Fall irgendwann frustriert auf.

Gerade in Spannungssituationen, in denen Sie dringend eine Beruhigung brauchen könnten, wird es Ihnen anfangs eher schwer fallen, eine deutliche Empfindung für Ihre Körpervorgänge zu haben, weil Ihre Aufmerksamkeit zu sehr von anderen Dingen in Anspruch genommen wird. Trotzdem werden Sie sich entspannen, falls Sie einfach dem gewohnten Ablauf folgen. Verharren Sie allerdings bei der einzelnen Formel, bis ein Erfolg eintritt, führt das nicht selten zu vermehrter Anspannung und somit regelrecht zur Behinderung genau der Prozesse, die durch das AT gefördert werden sollen.

Konkret bedeutet es: Denken Sie zunächst an die Schwere, gehen Sie nach einiger Zeit weiter zur Wärme, auch wenn Sie keine Schwere spüren, usw.. Wenn Sie dann gegen Ende der Übung wiederum Schwere und Wärme des Körpers erspüren, werden Sie meist die erwünschte Empfindung haben.

Meine Arme und Beine sind angenehm schwer. *(Schwere)*

Meine Arme und Beine sind angenehm warm. *(Wärme)*
- oder
Mit jedem Ausatmen strömt Wärme in Arme und Beine.

Ich überlasse mich meinem Atem. *(Es atmet/Atem ruhig/ Atem gleichmäßig)*
- oder
Es atmet mich.

Mein Herz ist angenehm warm durchströmt. *(Herz ruhig/Herz warm/ Herz gleichmäßig)*
- oder
Mein Herz schlägt ruhig und gleichmäßig.

Mein Bauch ist angenehm von Wärme durchströmt. *(Bauch warm/Bauch weit)*
- oder
Mein Bauch ist strömend warm.

- Meine Stirn ist angenehm kühl. *(Stirn kühl/Kopf weit)*

- Meine Arme und Beine sind angenehm schwer und warm.

- Ich bin ruhig und gelöst.

- Jetzt nehme ich die Entspannung behutsam zurück, atme tief und strecke mich

Die kurzen Begriffe, die Sie anstelle der ganzen Sätze verwenden können, finden Sie *(beispielhaft)* in Klammern hinter den Formeln.

5.9 Weiteres Üben

Erfahrungsgemäß gelingt es noch recht einfach, während des Kurses einigermaßen regelmäßig zuhause zu üben. Danach fehlt dann aber wohl die Erinnerung durch die Gruppentermine und vielleicht auch ein bißchen der Druck, nicht geübt zu haben, wenn der Kursleiter danach fragt.

Gerade diejenigen, die zuhause weiterüben, berichten von konkreten Erfolgen im Alltag. Die regelmäßige Übung ist Grundlage für das Erreichen einer tiefen Ruhe auch in schwierigen Situationen.

Um „am Ball" zu bleiben, können auch weitere Kurse in Autogenem Training oder in anderen Entspannungsverfahren besucht werden. Die Angebote in dieser Richtung sind in den Volkshochschulen meist erfreulich zahlreich.

Sie können ohne weiteres nach Beendigung eines Entspannungsverfahrens zu einem anderen wechseln (z.B. von AT in einen Yoga-Kurs). Ihre Erfahrungen im jeweils ersten Kurs erleichtern Ihnen die Empfindungen in dem Folgenden.

C: DIE PRAXIS

6 Formelhafte Vorsätze

Im Anschluß an die letzte Formel können sogenannte „Formelhafte Vorsätze“ verwendet werden. Sie beinhalten Vorstellungen, die helfen sollen, bestimmte Probleme besser zu bewältigen. Diese Schwierigkeiten können sowohl auf psychischem, als auch auf körperlichem Gebiet liegen.

Eine sehr allgemeine Formulierung für einen solchen Vorsatz findet sich bei Coué (in: LE CRON, L. M. 1987): „Es geht mir von Tag zu Tag in jeder Beziehung besser und besser“.

Formelhafte Vorsätze sollten immer positiv formuliert werden. Auch wenn damit ein Verhalten vermieden werden soll.

Recht erfolgreich kann ein Vorsatz bei Muskelverspannungen eingesetzt werden. Gegen die bei vielen Menschen häufig auftretenden Rückenschmerzen könnte ein Satz lauten: „Mein Rücken ist wohlig warm durchströmt und angenehm locker“. Falsch wäre: „Mein Rücken tut nicht weh“.

Zur Auflösung von Magenbeschwerden könnte formuliert werden: „Mein Magen ist warm und arbeitet gesund“. Falsch wäre: „Es sind keine Schmerzen da“.

Bei Erkältungen können Atembeschwerden gelindert werden: „Meine Atemwege sind weit, die Luft strömt frei“. Falsch wäre: „Ich habe keine Atembeschwerden.“

Die Liste von Beispielen kann fast beliebig erweitert werden. Solange eine positive Formulierung gefunden wird, kann versucht werden, sich damit bei jeder körperlichen oder psychischen Störung Erleichterung zu verschaffen.

Im folgenden werden weitere Beispiele aufgeführt, die natürlich nicht vollständig sein können.

Sollten Sie unter irgendeiner der aufgeführten Beschwerden leiden, können Sie zunächst mit Hilfe der Standardformeln Erleichterung suchen. Manchmal paßt es besser zum eigenen Umgang mit seiner Bilderwelt, wenn man sich Vorstellungen zunutze macht, von denen man weiß, daß Sie helfen. In diesem Sinne können Sie sich formelhafte Vorsätze bilden. So können Sie Sätze formulieren, die optimal zu Ihrer Situation und zu Ihrer ganz persönlichen Art passen.

Diese Formulierungen, können Sie wörtlich übernehmen oder nach ihren Bedürfnissen verändern. Sie werden so lange nach der „Stirnformel“ angewendet, bis sie ihre Notwendigkeit verlieren.

- Verspannung der Schulter-Nacken-Muskulatur
  „Meine Schultern, mein Nacken sind wohlig warm und angenehm locker“

- Magen-Darm-Beschwerden
  „Mein Bauch ist angenehm warm, weit und weich.“

- Kopfschmerzen
  „Die Muskeln meines Kopfes sind angenehm locker.“ oder
  „Meine Haut im Gesicht und auf dem Kopf ist glatt und locker.“ oder
  „Mein Kopf ist weit und frei.“

- Entzündungen (z.B. Nebenhöhlen, Knie)
  „Meine Nebenhöhlen/Knie sind warm durchströmt und heilen.“

- Kalte Glieder/Durchblutungsstörungen
  „Wohlige Wärme strömt durch/über meine Glieder, alle schädigenden Stoffe werden ausgespült.“

- Kiefervereiterungen
  „Meine Kiefer sind wohlig warm durchströmt, der Eiter wird abtransportiert.“

- Ohrenrauschen
  „Meine Ohren und Kiefer sind wohlig warm durchströmt."

- Atembeschwerden
  „Mein Atem fließt frei und gelöst."

- Übergewicht
  „Ich bin satt und fühle mich wohl."

- Muskelkater
  „Meine Muskeln sind wohlig warm durchströmt, schädigende Stoffe werden abtransportiert und auf natürlichem Wege ausgeschieden."

- Eingeschlafene Glieder
  „Meine Glieder sind wohlig warm durchströmt, das Gefühl strömt in sie ein und breitet sich in ihnen aus."

✍ Um es ein weiteres Mal zu betonen: Funktionieren werden die einzelnen Formeln allerdings nur, wenn Sie zuvor durch ausreichende Übung Ihre Wahrnehmung für Ihre Körpervorgänge sensibilisiert haben.

7 Mögliche Schwierigkeiten in der Übungsphase

Es gibt einige Schwierigkeiten, die besonders die Wahrnehmung des Körpers und die Motivation zur Übung, bzw. die Umsetzung im Alltag betreffen. Bei konsequenter Übung in der beschriebenen Art und Weise sind es meist unbedeutende und kurzlebige Hürden.

Das Bedürfnis, während einer Übung zu husten, zu niesen oder sich zu kratzen

In diesen Fällen sollten sie zwei bis drei Sekunden warten, ob der Drang wieder verschwindet. Bleibt er jedoch, so sollten Sie ihm nachkommen und husten, niesen oder sich eben kratzen. Wenn Sie solche Reize zu lange unterdrücken, werden Sie zum einen zunehmend mehr unter Spannung geraten, zum anderen wird ein dann schließlich doch ausbrechender Husten oft zu einem längere Zeit andauernden oder immer wiederkehrenden Anfall, der dann störend wirkt. Dagegen ist die Störung meist nur von kurzer Dauer und Intensität, wenn Sie dem Bedürfnis gleich nachgeben.

Was ist, wenn ich nichts empfinde?

Ein häufiges Hindernis ist ein mangelhaftes Gefühl für den Körper. Manche Teilnehmer spüren bis hin zur zweiten oder dritten Kursstunde keine Schwere und/oder keine Wärme. Bei Nachfragen stellt sich oft heraus, daß zuhause nicht oder nur sehr selten geübt wurde. So wird es hin und wieder als Übung angesehen, wenn nach einer Konzentration von selten mehr als einer Minute abgebrochen wird. Als Grund für die fehlende Übung stellt sich häufig eine mangelhafte Motivation, ernsthaft zu trainieren oder eine zu große Ungeduld heraus. Vor kurzem erzählte mir ein Gruppenmitglied, es trainiere im Gehen, weil es anders keine Zeit habe. Von günstigen Voraussetzungen konnte bei ihm natürlich nicht die Rede sein.

Ist die Ungeduld zu störend, so kann daraus auf einen zu großen Erwartungsdruck geschlossen werden. Abhilfe kann hier das häufige aber sehr kurze Üben bringen. Ebenso die Einrichtung eines festen Übungszeitpunkts (unmittelbar vor dem Aufstehen, vor oder nach dem Essen, nach der Arbeit o.ä.), der nur für das AT reserviert ist und möglichst immer nur dazu genutzt werden sollte.

Ungeduld ist oft das Ergebnis zu großer innerer Unruhe, die dann umso deutlicher in Erscheinung tritt, wenn der Körper zur Ruhe kommt. Wird die Übung anfangs auf zwei bis drei Minuten Dauer verdichtet, so bleibt wenig Zeit für andere Gedanken.

Erfahrungsgemäß verliert sich diese Ungeduld nach den ersten „Erfolgen", die sich meist spätestens bis zum dritten oder vierten Termin einstellen.

Ich möchte meinen Herzschlag nicht spüren.

Nach einer unangenehmen Erfahrung mit dem Herzen möchten manche Menschen nicht mehr an diese Erfahrung denken. Der Herzschlag erinnert sie aber jedesmal daran, wenn er ihnen bewußt wird. Er läßt viele eben auch daran denken, was sein könnte, wenn das Herz seine Arbeit einstellt. Diese Vorstellung läßt eine ganz natürliche - und ein Stück weit auch sinnvolle - Angst entstehen. Angst ist insofern eine im Prinzip sinnvolle Einrichtung, als sie uns nämlich Maßnahmen suchen und nutzen läßt, die Schädigungen des Körpers und der Psyche verhindern können. Aber es ist gar nicht sinnvoll, Angst vor seinem Herzschlag zu haben, denn er begleitet uns (glücklicherweise) überall hin. Durch ein sanftes Hinführen kann jedermann lernen, die Arbeit seines Herzens zu akzeptieren. Dadurch wird die Angst hinfällig. Die Lebensqualität steigt, weil Sie nicht ständig auf der Hut vor dem Spüren des eigenen Lebens sein müssen.

Die Angst, das Herz könnte in seiner Tätigkeit innehalten, hindert oft daran, auf dieses Organ zu achten. Oder auch die Erinnerung an eine Komplikation mit diesem so wichtigen Organ (Herzinfarkt, die Bypassoperation eines Bekannten o.ä.) bringt Nähe zu einer angenommenen Gefahr. In diesen oder ähnlichen Fällen neigen wir manchmal dazu, den Kopf in den Sand zu stecken, um somit der Angst auszuweichen. Tatsächlich wird durch solch eine Reaktion Angst nur erhalten, vielleicht sogar verstärkt. Der angstauslösende Faktor wird nicht beseitigt.

In meiner psychologischen Ausbildung hatte ich gelernt, daß

Angst nicht durch Vermeidung, sondern eher durch vorsichtige Konfrontation mit dem angstauslösenden Moment aufgelöst oder zumindest reduziert werden kann. Seit ca. neun Jahren, in denen ich mehr als 400 Kurse mit durchschnittlich ca. 20 Teilnehmer geleitet habe, habe ich diese Herzformel stets mit angewendet. Ängste konnten durch ein geduldiges Heranführen im Verlauf des Kurses zum Abklingen gebracht werden. Allerdings sollte jeder die Freiheit haben, für sich selbst über Anwendung oder Nicht-Anwendung der Herzformel zu entscheiden.

Sind auf das Herz bezogene Ängste vorhanden, die das Trainig behindern, würde ich folgendes Vorgehen empfehlen:

- Verdeutlichung der Zusammenhänge, wie oben beschrieben,
- Beobachtung der Herztätigkeit durch hineinfühlen in den Körper in Anwesenheit des Kursleiters,
- kurze Schilderung der Erfahrungen und Gefühle,
- Trainieren dieser Formel im Rahmen der ganz normalen Übung, d.h. diese Formel wird integriert,
- sollte eine starke Unruhe auftreten, die die Entspannung deutlich stört, empfehle ich, nur kurz an das Herz zu denken und dann mit den anderen Formeln fortzufahren. Um den Umgang mit der Angst zu lernen, sollte diese Formel nach Möglichkeit nicht ausgelassen werden. Wurde diese Methode befolgt, so konnte ich bisher immer eine deutlich zunehmende Akzeptanz der Herztätigkeit beobachten. Es ist daran zu denken, daß nicht Angstfreiheit, sondern die Fähigkeit mit der Angst besser umgehen zu können, das Ziel ist.

Wichtig ist, daß Sie das Gefühl haben, Ihnen kann durch das AT geholfen werden, mit Ihrer Angst auf eine bessere Art als bisher umzugehen. Und es ist ebenso wichtig, daß Sie Vertrauen in das AT bekommen, indem Sie im Laufe der Übungen spüren, daß sich Ihr Symptom in seiner Intensität und/oder Häufigkeit reduziert.

Während der Übung werde ich unruhig

Diese Klage kommt häufig vor. Es ist wichtig, zu realisieren, daß nicht das Verfahren zur Unruhe führt, sondern daß eine vorhandene innere Unruhe stärker wahrgenommen wird, wenn Ablenkungen wegfallen.

Es können hauptsächlich zwei Gründe für diesen Zustand genannt werden: zum einen kann er Folge einer körperlichen Beschäftigung sein. Wenn Sie kurz zuvor viele Kilometer mit dem Fahrrad gefahren oder viele Treppen hinaufgelaufen sind, so hat sich der Körper eben noch nicht beruhigt. Er braucht diese Aktivität noch einige Minuten, wird sich dann aber bald von alleine beruhigen.

Anders verhält es sich, wenn die Unruhe eine psychische Ursache hat. Wenn wir innerlich unruhig sind, so fühlen wir uns zur Aktivität gedrängt. Folgen wir diesem Impuls, so wird die Unruhe übertönt und verliert sich oft auch ein Stück weit. Tun wir aber das Gegenteil und reduzieren die körperliche und geistige Aktivität, so wird das „Grundrauschen" deutlicher hörbar. Und dann kann es passieren, daß eine Entspannung verhindert wird, weil es nicht gelingt, sich auf den Körper zu konzentrieren.

Weil Entspannungsverfahren gerade bei solchen Schwierigkeiten eine große Hilfe sein können, sollte mit dem Training fortgefahren werden. Aber eine lange, enttäuschende Übung ist eher hinderlich für die Motivation. Vielmehr sollte in diesen Fällen nur wenige Minuten (drei sind ausreichend), aber umso häufiger trainiert werden. Im allgemeinen läßt die Unrast schnell nach. Die dann erreichte Ruhe wird als ganz besonders wohltuend empfunden - eben im Kontrast zur vorherigen Ruhelosigkeit.

Ein anderer Gesichtspunkt ist, daß die Unruhe immer einen Auslöser hat. Das können eher unwichtige Geschehnisse oder auch eine zeitlich begrenzte Überlastung sein. Dann wird die Unruhe nicht über einige Tage hinausgehen. Dauert sie jedoch länger und ist vielleicht auch noch mit dem Kreisen der Gedanken und/oder Gefühle um einen bestimmten Themenkomplex verbunden, so könnten schwerwiegende Probleme dahinterstecken. Es sollte zunächst die Belastungssituation überdacht werden. Prüfen Sie nach, ob Sie vielleicht zu viele oder für Ihre Person zu anspruchsvolle Aufgaben übernommen haben. Trifft das zu, so überlegen Sie sich, wie Sie Ihr Pensum auf ein für Sie persönlich machbares Maß reduzieren können.

Sie sollten diesen Punkt nicht auf die leichte Schulter nehmen, sondern bedenken, daß körperliche oder psychische Symptome

(Unruhe kann ein solches Symptom sein) von Ihrem Körper nicht einfach so produziert werden, sondern einen Sinn, oft eine Warnfunktion haben. Mißachten Sie diese Warnung, kann das zu Schäden führen.

Als Auslöser für die Rastlosigkeit kann auch ein ungelöstes Problem stehen. Sie sollten versuchen, diesem Auslöser auf die Spur zu kommen. Wenn es Ihnen nicht alleine gelingt, so empfehle ich, einen Psychotherapeuten aufzusuchen. Er/Sie ist für solche Fälle ausgebildet und kann Ihnen durch entsprechende Gespräche entscheidend helfen, Ihre Lebensqualität zu erhöhen.

Eine leider zu oft gewählte Alternative, nämlich die Einnahme von Psychopharmaka, hat zwar für einige Zeit vielleicht einen lindernden Einfluß, sie sind jedoch in ihrer negativen Wirkung (sogenannte „Nebenwirkungen") ähnlich einzuschätzen und zu fürchten, wie das Rauschgift Alkohol. Deshalb kann der Griff zu einem Psychopharmakon, wenn überhaupt, dann meist nur vorübergehend sinnvoll sein - zumal wenn nicht gleichzeitig eine qualifizierte Psychotherapie begonnen wird.

Unvermittelt auftretende Traurigkeit

Gefühle können in der Ruhephase ebenso stärker wahrgenommen werden, wie Unruhe auch. Soweit es sich um Freude handelt, sind solche Erlebnisse erfreulich und dienen letztendlich der Regenerierung.

Manchmal rücken auch psychische Schmerzen in den Vordergrund der Aufmerksamkeit. Das kann dazu führen, daß Teilnehmer zu weinen beginnen.

In solchen Fällen löst die Entspannung nicht nur die muskuläre sondern auch eine seelische Verkrampfung, die bisher das Ventil, das das Weinen darstellt, blockiert hat. So peinlich es manchem Gruppenmitglied auch ist, so entspannend wirkt es doch, wenn geweint werden kann. Dieses Zulassen der eigenen Traurigkeit kann der Beginn einer Heilungsphase sein, soweit es sich um nicht zu tief verwurzelte psychische Probleme handelt.

Die Gründe für die Traurigkeit können so vielfältig wie bei der Unruhe sein. Nicht selten sind es die gleichen Gründe. Das Weinen kann in solchen Fällen die Unruhe ablösen. Die Rastlosigkeit hat dann oft ihren Sinn verloren und verschwindet.

Der unter der Unruhe beschriebene Lösungsweg gilt auch für ein hinter der Traurigkeit steckendes psychisches Problem.

Diese Liste der möglicherweise auftretenden Schwierigkeiten ist selbstverständlich nicht abschließend. Ich habe hier diejenigen aufgeschrieben, die mir in den Gruppen bisher häufiger begegnet sind.

„Bei mir funktioniert das nicht"

Dieser Satz ist häufig zu hören, wenn ich frage, warum jemand den Kurs nicht beenden will oder aber zuhause nicht selbständig übt. Es gibt verschiedene Gründe dafür, wenn die gewünschte Wirkung nicht eintritt. Ich will hier kurz die wichtigsten aufführen und auch erklären, wie verhindert werden kann, daß sie das Erlernen oder die Anwendung des AT stören:

- **Übung** ist wieder als wichtigste Voraussetzung zu nennen, um zu lernen, mit den verschiedensten Störungen zurechtzukommen. So kann sich kaum ein Effekt einstellen, wenn **zu selten** geübt wird. Dann können sich die genannten Reflexe nicht aufbauen.
  Wenn die Übungen häufig **abgebrochen** werden, weil Gedanken stören oder der Körper nicht gut gespürt wird, kann sich ebenfalls kein Übungseffekt einstellen.
  Der gleiche Mangel entsteht, wenn Sie regelmäßig während der Übung **einschlafen**.
  Oft wird schon in der Lernphase nur dann geübt, wenn eine **schwierige Situation** entstanden ist, wie z. B. bei Schlafstörungen. Wenn das AT dann nicht in den Schlaf hineinführt, ist oft Enttäuschung die Folge und der gedankliche Schluß, das AT führe nicht zur Entspannung. Sie können diese Einstellung mit der Zahnpflege vergleichen. Sie kämen kaum auf die Idee, nur dann die Zähne zu putzen, wenn Sie bereits vorhandene Karies dadurch beseitigen möchten. In diesem Beispiel ist uns

allen ganz klar, daß nur regelmäßige Zahnpflege zur Verhinderung von Schäden führen kann. Ähnlich führt regelmäßige Übung des AT vor allem auch unter günstigen Bedingungen zu einer so guten Verfügbarkeit, daß auch unter schwierigen Bedingungen Ruhe (und eventuell auch Schlaf) eintreten kann.

- Viele Teilnehmer glauben, sie müßten **abschalten** oder sich ausschließlich auf den Körper konzentrieren können. Wenn ihnen das dann einige Male nicht gelingt, geben sie weitere Versuche bald auf, mit dem Eindruck, daß das AT eben nichts für sie ist. Tatsächlich gibt es natürlich keinen „Schalter" in unserem Körper. Wenn es einen gäbe, bräuchten wir kein Entspannungsverfahren erlernen. Es ist also nicht möglich, sich von störenden Wahrnehmungen wie Geräuschen, Gedanken usw. „wegzuschalten". Vielmehr ist es Ziel - nicht Voraussetzung - des AT, sich leichter auf Wesentliches konzentrieren zu können. Wenn Sie sich die Mühe machen, trotz fehlender schneller Erfolge konsequent weiter zu üben, werden Sie nach einiger Zeit mit Freude feststellen, daß die störenden Wahrnehmungen ihren negativen Wert verlieren. Wenn Sie eine Störquelle nicht ausschalten können (Ohrenstöpsel gegen Geräusche, Tuch über die Augen gegen zu grelles Licht usw.) und trotzdem üben möchten, dann bleibt Ihnen nur der Weg, die Störung zu akzeptieren. Sie kennen aus ihrem Alltag, daß Sie z. B. einem interessanten Gespräch selbst in einer lärmenden Menschenmenge folgen können - soweit Sie das Gesprochene noch hören können. Sicher haben Sie auch schon einmal einen Menschen „übersehen", obwohl er schon längere Zeit in Ihrer Nähe war. Oder das Beispiel mit der Brille, die lange Zeit erfolglos gesucht wurde, bevor sich herausstellt, daß sie auf der Nase sitzt. Hier wählt das Gehirn das für es Interessante aus und läßt das andere (das möglicherweise Störende) wenig oder gar nicht in das Bewußtsein gelangen.

- Im Falle **mangelnder Konzentration, störender Gedanken oder Sinneswahrnehmungen** sollte in der Lernphase (später wird kaum mehr von derartigen Störungen berichtet) eher häufiger, aber kürzer geübt werden. Es kann auch zwei bis drei mal hintereinander geübt werden. Die Dauer muß drei Minuten nicht überschreiten, kann aber dann verlängert werden, sobald Sie merken, daß es Ihnen leicht fällt und Freude bereitet, Ihren Körper zu spüren. Störendes, Ablenkendes wird nicht beiseite geschoben. Das gelingt nämlich - wenn überhaupt - dann nur für kurze Zeit und unter unverhältnismäßig hohem Energieaufwand. Betrachten Sie das Ablenkende und gehen Sie zu Ihrem Körper zurück, sobald es Ihnen leichter fällt. Lassen Sie Ihre Gedanken schweifen und gehen Sie zu Ihrem Körper zurück, ohne sich dabei anzustrengen.

- Häufig ist zu hören, daß jemand vergeblich versucht, die Glieder schwer oder warm **werden** zu lassen. Dieser Irrtum scheint mir ein häufiger Grund für frustriertes Abbrechen eines Kurses.
  Es geht überhaupt nicht darum, eine Veränderung - schon gar keine bewußte - in der Schwere oder Wärme des Körpers herbeizuführen. Die Schwere könnte ohnehin nur über die Zu- oder Abnahme von Gewicht verändert werden. Tatsächlich sollen Sie lernen, die **vorhandene** Schwere und Wärme zu empfinden. Je nach Befinden, Müdigkeit, Spannungszustand der Muskulatur usw. kann das Empfinden unterschiedlich intensiv sein. Je nach Spannungszustand der Muskulatur fällt es leichter oder weniger leicht, das Gewicht der Glieder zu spüren. Die Wärme der Haut verändert sich tatsächlich durch eine zunehmende Entspannung. Aber es ist - zumindest in der Anfangsphase - nicht das Ziel, diese **Veränderung** zu spüren, sondern die Wärme die vorhanden ist.
  Es ist also sehr wichtig nicht irgendeinen phantasierten Idealzustand anzustreben, sondern sich - möglichst gelassen - auf das momentan mögliche Empfinden zu konzentrieren. Andernfalls üben Sie einen Leistungsdruck auf sich aus, der das Eintreten von Entspannung tatsächlich verhindern kann.

8 Umsetzung in die Praxis

8.1 Die Umsetzung der vollständigen Übung

Um eine vollständige Übung durchführen zu können, brauchen Sie vor allem in der Lernphase möglichst günstige Voraussetzungen (siehe Kapitel 4.2). Es ist im Sinne eines Übungsfortschritts, regelmäßig wenigstens noch einmal täglich weiterzuüben, auch wenn der Weg in die Ruhe schon sehr zuverlässig bei jeder Übung gelingt. Die vollständige Übung ist der zuverlässigste Weg in eine tiefe Entspannung, die auch über den Moment hinaus eine länger andauernde Ruhe nach sich zieht.

In einem fortgeschrittenen Stadium gelingt es Ihnen zunehmend besser, auch unter ungünstigen Bedingungen zu üben. Es fällt dann auch nicht mehr schwer, während einer Reise im Zugabteil, im Flugzeug oder auf dem Beifahrersitz des Autos zu üben. Auch in einem Konzert, im Kino, in einem Vortrag oder unter ähnlichen Voraussetzungen, in denen Sie wenigstens einen Sitzplatz für sich haben, werden Sie eine relative Ruhe erreichen. Das sind Situationen im Alltag, die eine kurze Anwendung noch gut erlauben.

Daneben wächst aber das Bedürfnis, den wohltuenden Abstand von den Dingen des Alltags auch dann zu finden, wenn die Voraussetzungen für eine komplette Übung ungünstig oder gar nicht gegeben sind.

Kann mir Autogenes Training auch gegen Stress helfen?

Stress kann auch als Anspannung bezeichnet werden. Ein gewisses Maß an Spannung wird als angenehm empfunden und ist Voraussetzung für ein ausgeglichenes Funktionieren des Organismus.

Auf der körperlichen Ebene zeigt sich der Stress in bestimmten Reaktionen. Beispielsweise erhöht sich die Spannung der Muskulatur, der Blutdruck steigt, die Atem- und die Herzfrequenz steigen ebenfalls, die Magensäureproduktion verändert sich, wie auch die Durchblutung einzelner Körperbereiche.

Nach übermäßigem Stress ergeben sich Folgen, die jeder irgendwie schon erfahren mußte: Kopfschmerzen, Magenschmerzen, Rückenschmerzen (zu lange/starke Anspannung der Muskulatur), Schlafstörungen, etc..

Im psychischen Bereich können Streßsituationen zu verschiedenen Störungen führen, unter denen die depressive Verstimmung und verschiedene Ängste wohl die bekanntesten sind.

Streß entsteht meist aus einem Zusammenwirken einer Person mit ihrer Umwelt. Allerdings kann ein Mensch eine hohe Belastung auch aus sich selbst heraus bewirken, wie das bei Alpträumen oder unvermittelt auftretenden Ängsten zu beobachten ist.

Völlige Streßfreiheit ist nicht herstellbar, aber auch nicht erwünscht. Ohne Belastungen würden uns Quellen der Befriedigung verloren gehen. Eine Reduktion der Gesamtbelastung - oder ihre Kalkulierbarkeit - ist jedoch in vielen Fällen erwünscht oder sogar notwendig.

Auf Seiten des Einzelnen muß neben der Suche nach Streßauslösern versucht werden, mit auftretenden Belastungen konstruktiv umzugehen und zu lernen, Schädigungen zu vermeiden. Dazu kann ein Selbstsicherheitstraining verhelfen, sowie eine Erweiterung der persönlichen Kompetenz im Umgang besonders mit unvermeidbarem Streß.

An dieser Stelle wird die Fähigkeit zur Entspannung nun ganz besonders wichtig. Es ist durch Untersuchungen nachgewiesen, daß tiefe Ruhe die Folgen der Belastung im Körper reduziert.

Wenn berücksichtigt wird, daß die Intensität der Streßreaktion in unserem Alltag meist gar nicht an die auslösenden Bedingungen angepaßt ist - denn wir müssen meist weder körperlich gegen einen Feind kämpfen, noch tatsächlich vor einer Bedrohung davonlaufen - dann wird klar, daß eine Reduktion der im Streß entstehenden zu hohen Spannung sehr sinnvoll ist.

Jede Übung reduziert die Anspannung des Körpers und der Psyche insgesamt. Die Tiefe der Ruhe ist allerdings abhängig von der Häufigkeit des bisherigen Trainings und der momentanen Befindlichkeit. Bei täglicher Übung sinkt die Belastung ab, die Belastbarkeit dagegen steigt.

8.2 Die Anwendung einzelner Formeln

Eine komplette Übung kann - bei ausreichendem Training - innerhalb von wenigen Minuten die gewünschte Wirkung zeigen. Aber zu bestimmten Gelegenheiten fehlen vielleicht nicht diese wenigen Minuten, sondern die Gelegenheit, die Augen zu schließen und sich einigermaßen ungestört in seinem Stuhl zurücklehnen zu können. Dann stellt sich die Frage, ob es Sinn macht, auch einzelne Formeln oder Vorstellungen anzuwenden, oder ob gar keine Hilfe vom AT erwartet werden kann.

Vorausgesetzt, sie haben die Reflexe durch häufiges, wenigstens einigermaßen regelmäßiges Üben ausreichend gefestigt, können - sinnvoll angewandt - einzelne Formeln Erstaunliches zur Folge haben.

Wenn Sie am Schreibtisch bei Ihrer Arbeit sitzen und Kopfschmerzen haben, können Sie nicht immer nach Hause gehen, um das Hilfe versprechende Bett aufzusuchen. Eine Alternative wäre der Griff zur Tablette. Mit welchen negativen Wirkungen diese Wahlmöglichkeit verbunden ist, weiß inzwischen wohl jeder. Eine völlig unschädliche und dennoch hilfreiche Möglichkeit ist die Anwendung der Stirnformel. Aufbauend auf regelmäßiger Übung hat sich der hier wichtige Reflex herausgebildet. Dadurch kann innerhalb weniger Minuten Ihr Schmerz reduziert oder sogar ganz aufgelöst werden, ohne Tabletten und ohne daß Sie sich irgendwo hinlegen müssen.

Neben Kopfschmerzen gibt es viele weitere Beschwerden, die durch die Anwendung auch einzelner Formeln gebessert werden können (s. Kapitel 6).

Falls Sie in Bewegung sind oder sich in einer Situation befinden, die es nicht gestattet, eine der beschriebenen Haltungen einzunehmen, so können Sie auf einzelne Formeln zurückgreifen. Das können Standardformeln sein.

Sie benötigen zum Ausführen jeglicher Aktivität ein gewisses Maß an Spannung. Durch eine Aktivierung des während des Autogenen Trainings eingeübten Reflexes kann diese Spannung sogar auch **im Verlauf** einer Beschäftigung reduziert werden.

Anhaltspunkte zur Spannungsreduktion während einer Beschäftigung bekommen Sie z. B. durch die folgenden Hinweise:

- In den Schultergelenken ist das Gewicht der Arme spürbar. Während Sie darauf achten, können Sie wahrnehmen, wie die Arme noch ein Stück tiefer sinken. Diese Wahrnehmung ist relativ unabhängig von Ihrer momentanen Körperhaltung.
- Während des Stehens oder Gehens können Sie sich in Ihre Füße hineinfühlen und in den Fußgelenken spüren, wie das Gewicht des Schuhs, des Fußes in diesem Gelenk nach unten zieht.
- Ebenfalls während der Bewegung Ihres Körpers können Sie die Schwere und die Haltungsänderungen Ihres Kopfes spüren - vornehmlich am Hals.

Die Wahrnehmung dieser Schwere führt zu einer sich über den ganzen Körper ausbreitenden Entspannung, die vielleicht gering ist und nicht lange anhält, aber dennoch zur Entlastung führen kann.

Ähnliche Veränderungen können Sie mit den anderen Formelinhalten erreichen. So ist bei Verspannungen der Muskulatur immer die Vorstellung der Wärme in den verspannten/schmerzhaften Muskeln zu empfehlen.

Es wäre zuviel erwartet und hinderlich, würden Sie damit rechnen, daß die Wirkung des AT unter allen Umständen gleich intensiv ist. Vielmehr können Sie davon ausgehen, daß die besten Ergebnisse unter **günstigen** Ausgangsbedingungen zu erwarten sind. Je mehr Spannung die Situation, in der Sie üben, in Ihnen hervorruft, desto weniger Entlastung dürfen Sie erwarten. Aber selbst unter ungünstigsten Bedingungen, unter denen Sie vielleicht keine Wirkung bewußt wahrnehmen können, können Sie davon ausgehen, daß durch die Anwendung eine gewisse Entspannung erfolgt.

8.3 Bei welchen Problemgruppen können die einzelnen Formeln helfen?

- **Schwere:**

Die Schwere der Glieder oder auch des ganzen Körpers ist relativ schnell spürbar. Deshalb gelingt es meist auch gut, innerhalb weniger Wochen eine recht stabile und zuverlässig wirksame Konditionierung einzuüben. Die dadurch entstandenen Reflexe können vielfältig im Alltag genutzt werden.

Immer dann, wenn Sie sich ganz allgemein verspannt fühlen, können Sie sich an diese Schwere erinnern und dadurch etwas spüren, was vielleicht ein Gefühl der Bodenständigkeit genannt werden könnte. Ein Abstand zu den Dingen, die Sie dazu brachten, sich zu verspannen, entsteht, indem Sie sich auf diese Verbindung zur Erde besinnen. Sie hat etwas Grundsätzliches, neben dem das Alltägliche an Bedeutung verliert.

Aber auch einzelne Gliedmaßen können angesteuert werden. Beispielsweise können Sie die Hand, mit der Sie eine Arbeit verrichtet haben (die die Muskeln dieser Hand sich zunehmend verspannen ließ) mit der Vorstellung der Schwere recht schnell lockern. Es gelingt ziemlich gut, das Gewicht des Armes in den Schultergelenken, das Gewicht des Fußes im Fußgelenk, oder überhaupt in den Gelenken der Arme und Beine eigenes Gewicht zu spüren. Wenn Sie Ihren Oberkörper bewußt in sich zusammensinken lassen, spüren Sie vielleicht eindrücklich die gemeinte Körperschwere, ähnlich wie wenn Sie Ihr Gewicht bewußt mit seiner ganzen Schwere in das Bett hineinsinken lassen. Das Empfinden der Schwere steht auch hinter der Redewendung, „sich auf den Stuhl fallen lassen“.

Sie sollten daran denken, daß dies Anwendungsmöglichkeiten sind, die nicht nach den ersten beiden Übungstagen erwartet werden dürfen. Aber nach den ersten beiden Wochen sollten Sie diese Effekte ruhig hin und wieder erproben. Überraschung ob der Wirksamkeit ist oft die Folge.

- **Wärme:**

Eine höhere Durchblutung als Folge der Vorstellung von Wärme bedingt eine Lockerung der Muskulatur.

Schmerzen können reduziert oder wenigstens besser ertragen werden. Schmerzen können Verspannungen hervorrufen, die ihrerseits nach einiger Zeit zu einem „Sekundärschmerz" führen können. Zumindest diese Folge-Schmerzen können durch die Vorstellung der Wärme und die daraus resultierende bessere Durchblutung/Durchwärmung reduziert werden.

Sehr auffällig ist immer wieder, wie schnell Durchblutungsstörungen gebessert werden, selbst wenn sie seit vielen Jahren bestehen. Häufig war ich überrascht, daß schon am zweiten oder dritten Kurstag von einer deutlichen Besserung der Störungen in den Fingern oder Füßen berichtet wurde. Gerade bei älteren Menschen sind diese Störungen nicht selten. Eine Teilnehmerin hatte nach einem Unfall seit Jahren einen stets kalten Fuß und erlebte im AT seit dem Unfall das erste Mal wieder eine Durchwärmung. In vielen Fällen wird auch von einem wirksamen Erfrierungsschutz in extremen Kältesituationen berichtet.

Bei den meist sehr hartnäckigen und lästigen Ohrgeräuschen kann ebenso eine positive Veränderung erreicht werden, wie bei Kopfschmerzen, Verspannungen, Muskelkater und dem sog. „Einschlafen" der Glieder.

- **Atmung:**

Die Art, wie geatmet wird, spiegelt den Spannungszustand des Körpers wieder. Auf der anderen Seite kann die Spannung des Körpers reduziert werden, indem die Atmung beruhigt wird.

Bei Atembeschwerden kann die Konzentration auf die Vorstellung einer ruhigen Atmung Hilfe bringen. In Untersuchungen konnte festgestellt werden, daß AT Asthmatikern zu einem geringeren Medikamentenverbrauch bei gleichzeitig gestiegenem Wohlbefinden verhelfen kann. Die Erfahrung, der beängstigenden Luftnot nicht mehr ganz so hilflos ausgeliefert zu sein, verringert die Angst vor Anfällen. Der Drang zur Kontrolle wird vermindert, Atembeschwerden werden seltener auftreten. So kann ein Teufelskreis aufgelöst werden.

- **Herz:**
  Die Sensibilität für die Belastung und Belastbarkeit dieses Organs wird durch die Übungen deutlich gefördert. Dieser Aspekt kann als Schutz vor Überforderung sehr wichtig sein. Gerade auch Menschen mit einer Herzschädigung und daraus resultierender geringerer Belastbarkeit suchen nach Maßen der Leistungsfähigkeit. Bei gesteigerter Sensibilität für die Tätigkeit des Herzens gelingt es sicherer, hohe von geringer Belastung zu unterscheiden. So fällt es denn auch leichter, bei Belastungen, die nicht mit körperlicher Aktivität einhergehen, die eigene Grenze frühzeitig zu erkennen.

- **Bauch:**
  Der Einfluß psychischer Belastungen auf den Magen- Darmbereich ist bekannt. Magenschmerzen, die nach einer Belastungssituation oder vor einem schwierigen Gespräch, einer Prüfung o.ä. auftreten, können recht eindeutig der Spannungssituation zugeschrieben werden, in der der Mensch sich zu dieser Zeit befindet. Dagegen wirkt Entspannung bekanntermaßen heilend in diesen Organen.

  Die Entspannungssituation bewirkt die Umschaltung auf eine überwiegend parasympathische Beeinflussung (siehe Kapitel 3). Dadurch werden regenerative Prozesse gefördert. Diese ausgleichenden, den momentanen Bedürfnissen angepaßten Regelungen verhindern nicht nur eine weitere Schädigung, sondern fördern eine Gesundung. So ist die heilende Wirkung tiefer Entspannung auch auf Magen- und Darmschleimhautentzündungen und -geschwüre belegt.

  Bei Problemen mit Übergewicht kann eine ausführliche Übung vor dem Essen zu einem reduzierten Hungergefühl und zu gemäßigterem und bewußterem Eßverhalten führen. Auch mit formelhaften Vorsätzen können Sie Ihr Eßverhalten günstig beeinflussen (siehe auch Kapitel 6).

- **Stirn:**

In Folge der Entspannung überhaupt, speziell aber durch die Anwendung der Stirn - Formel können Kopfschmerzen deutlich reduziert oder sogar zum abklingen gebracht werden.

Manchmal wird in der Entspannung zunächst eine Zunahme der Intensität bereits vorhandener Schmerzen berichtet. Nach einer kurzen Übergangszeit reduziert sich der Schmerz jedoch wesentlich.

Es ist wichtig, zu Beginn des Schmerzes zu üben. Wenn Sie zu lange warten, fällt es Ihnen evtl. zu schwer, sich gegen die Empfindung des Schmerzes auf die anderen Körpergefühle zu konzentrieren. Am besten aber hilft die Vorbeugung gegen den Schmerz, die in einer regelmäßigen Übung ihren Ausdruck findet.

Sollten Sie häufiger Kopfschmerzen haben, ist es empfehlenswert, längere Zeit bei dieser Formel zu verweilen und möglichst gute Bilder/Vorstellungen von einem freien, gelösten, kühlen Kopf zu entwickeln.

Der Zusammenhang zwischen Kühle des Kopfes und Spannung wird auch in verschiedenen Sprichwörtern deutlich, wie z.B. „Einen kühlen Kopf bewahren", oder „Er ist ein Hitzkopf".

Schmerzen im Bereich des Kopfes können auch durch Verspannungen der Muskulatur im Schulter-Nacken-Bereich verursacht werden. In diesem Fall hilft die Vorstellung der Wärme in der genannten Muskulatur. Die Vorstellung der Sonne, die auf die Schultern und den Nacken scheint, fördert die Durchblutung der Haut und der Muskulatur dieses Bereichs. Als Folge werden die betreffenden Muskeln gelockert und die Ursache für diesen sogenannten Spannungskopfschmerz verschwindet. Auch hier gilt, daß Sie möglichst den Anfängen wehren, also zu Beginn des Schmerzes üben sollten.

Vorbeugen können Sie, indem Sie sich eine Formel bilden, die Sie regelmäßig nach der Stirnformel anwenden. (s. auch Kapitel 6). Sie könnte lauten „Meine Schultern, mein Nacken sind wohlig warm und angenehm locker." Vorstellungen der Wärme (Sonne, Wärmflasche, warme Hand, Rotlicht usw.) unterstützen auch in diesem Fall die physiologischen Prozesse.

8.4 Beeinflussen sich Körper und Psyche gegenseitig?

Wir gehen im allgemeinen in unserem Denken davon aus, daß wir zum einen aus unserem Körper, zum anderen aus der Psyche bestehen. Der Zusammenhang zwischen beiden scheint so eng zu sein, wie nur eben vorstellbar. Eine Veränderung im einen Bereich drückt sich auch im anderen aus.

Wird der Körper Belastungen ausgesetzt, die seiner Leistungsfähigkeit entsprechen, so geht es dem Menschen auch psychisch gut. Wird der Körper längere Zeit überfordert, dann können neben körperlichen auch psychische Krankheiten entstehen (Ängste, Depressionen, Schlafstörungen usw.).

Entsprechend schwerwiegend können anhaltende psychische Belastungen auch in vorwiegend körperlichen Krankheiten ihren Ausdruck finden (Magengeschwüre, hoher Blutdruck usw.).

Entlastungen, die durch ein Entspannungsverfahren wie das AT regelmäßig herbeigeführt werden, wirken sich auf beide Bereiche positiv aus. Psychische und körperliche Störungen des Organismus können in ihrer Entstehung gehindert werden, indem Belastungen reduziert werden. Bei bereits eingetretenen Krankheiten wird die Selbstheilungstendenz durch häufig und regelmäßig herbeigeführte, tiefe Ruhepausen (in Form von Übungen) unterstützt.

8.5 Hypnose und Gemeinsamkeiten mit dem AT

Das Autogene Training ist aus der Hypnose entstanden. Schultz ließ sich die Körperempfindungen hypnotisierter Menschen schildern und entwickelte daraus seine Formeln.

Die therapeutische Hypnose, die von dazu ausgebildeten Psychologen oder Medizinern durchgeführt wird, hat das Ziel, einen anderen Bewußtseinszustand herbeizuführen, in dem für den Organismus positiv wirkende Veränderungen unterstützt werden können. Es werden auf diese Weise in unserem bewußten Denken vorhandene Einstellungen und Denkmuster, die Problemlösungen oder auch Heilungen behindern, umgangen oder positiv verändert.

Im AT wird durch die Konzentration auf den Körper ein veränderter Bewußtseinszustand erreicht. Bei häufiger Übung gleicht die Tiefe der Entspannung derjenigen, die durch eine Auto- oder auch Fremdhypnose herbeigeführt werden kann. Das AT könnte in diesem Sinne auch als eine „kleine Hypnose" bezeichnet werden.

Wie in der Hypnose auch kann nach einer längeren Zeit der regelmäßigen Anwendung während der Entspannung die Aufmerksamkeit gelenkt werden. Das kann sehr gut über formelhafte Vorsätze erreicht werden, die den Schwerpunkt der Wahrnehmung in Worte fassen. Eine andere Möglichkeit besteht in der Anwendung von Phantasiereisen mit mehr oder weniger festgelegten Inhalten. Solche Phantasiereisen werden u.a. dazu genutzt, die Körperabwehr zu steigern. Erfolge werden durch diese Methode in vielen Bereichen, auch in der Krebsbekämpfung gemeldet.

9 Phantasiereisen

Nachdem Sie durch regelmäßige Übung soweit gekommen sind, innerhalb weniger Minuten tief zu entspannen und dabei die Pflichten und Sorgen des Alltags deutlich unwichtiger geworden sind, können Sie diese Ruhe und Gelassenheit als Ausgangspunkt für weitere Veränderungen nehmen. Die folgenden Texte erfüllen die Funktion von Tagträumen, wie Sie es aus Ihrem Alltag kennen: Sie erlauben sich (meist unbewußt), sich einige Minuten ohne innere Grenzen in eine Erinnerung oder Phantasie hineintreiben zu lassen. Als Ergebnis erreichen Sie meist einen sehr angenehmen - und außerordentlich gesunden - Zustand des inneren Gelöstseins. Auf diese Weise können Sie die sogenannten Phantasiereisen (auch Visualisierungsübungen genannt) nutzen, um sich eine Atempause, dem Gehirn einen Kurzurlaub in schönen Bildern zu gönnen.

Auch wenn Sie das regelmäßig tun, führt es keineswegs zu einer Abhängigkeit oder zu einer Flucht vor den Schwierigkeiten des Alltags. Vielmehr regenerieren Sie sich in solchen Ruhezuständen außerordentlich schnell und gründlich. Gleichzeitig relativieren sich sog. Probleme häufig, indem Sie aus der Ruhe mit einer anderen Sichtweise wieder „auftauchen". Dies ist der zweite wichtige Aspekt der Reisen in die Phantasie:

In der Vorstellung ist es möglich, sich Lösungen zu erlauben (aus dem Unbewußten auftauchen zu lassen), die man sich in der sog. Realität nicht gestatten würde. Es gibt viele geleitete Phantasien, die zum Ziel haben, neue Perspektiven zu eröffnen. Wie beispielsweise die folgenden Geschichten mit dem Zug, bzw. mit der wachsenden Pflanze.

Nicht jede dieser Geschichten spricht jeden Menschen gleich stark an. Sie sollten deshalb lediglich als Leitfaden betrachtet werden, an dem entlang Sie in Ihre eigenen Bilder hineingehen können. Wie ein Märchen, bei dem die Athmosphäre des Andersartigen, der Pause in der Realität viel wichtiger ist als der Wahrheitsgehalt des Gesprochenen.

Anleitung:

Nachdem Sie sich die Geschichte, die Sie im Moment interessiert, in Ruhe durchgelesen haben und ein Gefühl dafür entwickelt haben, wie Sie sie für sich selbst gestalten würden, legen Sie sich in die Lage, die Sie aus dem AT kennen, schließen die Augen und stimmen sich durch eine Übung des AT ein. Dann lassen Sie sich auf die Geschichte ein, ohne sich in irgendeine Richtung zu drängen. Lassen Sie die Bilder und die dazugehörigen Gefühle kommen. Versuchen Sie nicht, eine ganz bestimmte Situation, Erinnerung oder Phantasie „herzustellen". Das würde Sie relativ schnell anspannen und aus der Ruhe herausführen. Sie können sehr wohl an bestimmte Bilder oder Erinnerungen denken, sollten sie aber nicht festhalten, sondern bereitwillig gehen lassen, wenn sich daraus keine Geschichte entwickelt.

Wenn es Ihnen schwer fällt, sich Ihrer Phantasie zu überlassen, dann können Sie den Text auch auf eine Cassette sprechen oder von einer Freundin, einem Freund sprechen lassen.

Der zeitliche Rahmen könnte im Normalfall zwischen zehn und zwanzig Minuten liegen. Wenn Sie viel Zeit haben und die dabei entstehenden angenehmen Empfindungen länger genießen wollen, können Sie diese Übungen beliebig lang ausdehnen.

So wie im Alltag manche Erinnerungen mit negativen Assoziationen verbunden sind, können in seltenen Fällen auch negative Bilder während eines solchen Tagtraums auftauchen. Dann verhalten Sie sich am besten genauso wie in ähnlichen Fällen im Alltag, indem Sie die Entspannung zurücknehmen und zu einem anderen Zeitpunkt neu beginnen. Dann aber besser mit einem anderen Bild als Ausgangspunkt.

Diese Reise durch die einzelnen Bereiche des Körpers
dient der Sensibilisierung für das Empfinden
des eigenen Körpers
und besonders auch der Durchblutungsförderung.

Wärme strömt durch den Körper

Wenden Sie Ihre innere Aufmerksamkeit Ihren Händen zu
und spüren Sie einmal die einzelnen Finger und Fingergelenke
achten Sie auf die Wärme, die hindurchströmt,
vielleicht besonders gut in den Fingerspitzen zu spüren ist,
manchmal wie ein Pulsieren,
wandern Sie mit Ihrer Aufmerksamkeit zu Ihren Handgelenken,
spüren auch dort eine strömende Wärme,
die sich auch in den Unterarmen ausbreitet,
in den Ellenbogen,
in den Oberarmen,
in den Schultergelenken,
Sie können nun deutlich eine strömende Wärme in beiden Händen
und Armen spüren,
und über den Hals strömt die Wärme weiter in den Kopf,
breitet sich dort aus, Wärme in den Ohren, vielleicht ein Kribbeln
in der Nase, die Wangen sind warm und können locker hängen,
hinterläßt an Schläfen und an der Stirn eine angenehme Kühle,
strömt auch im Hals, der angenehm locker und frei wird,
an der Wirbelsäule entlang nach unten,
umspült angenehm jeden einzelnen Wirbel,
breitet sich über den ganzen Rücken aus,
strömt auch über die Brust,
in den Bauch,
der sich warm, weit und weich anfühlt,
weiter in die Hüften und Hüftgelenke,
in das Gesäß, in die Oberschenkel,
in die Knie und Kniegelenke,
in die Unterschenkel,
in die Fußgelenke und Knöchel,
und schließlich in die Füße mit den Fußballen,
Wärme strömt durch ihre Fußsohlen,
in alle Zehen und Gelenke des Fußes.
Genießen Sie die angenehme Schwere und wohlige Wärme, die
sich über den ganzen Körper ausgebreitet hat.
Bringen Sie aus dieser angenehmen Erfahrung ausreichend Ruhe
und Gelassenheit mit.

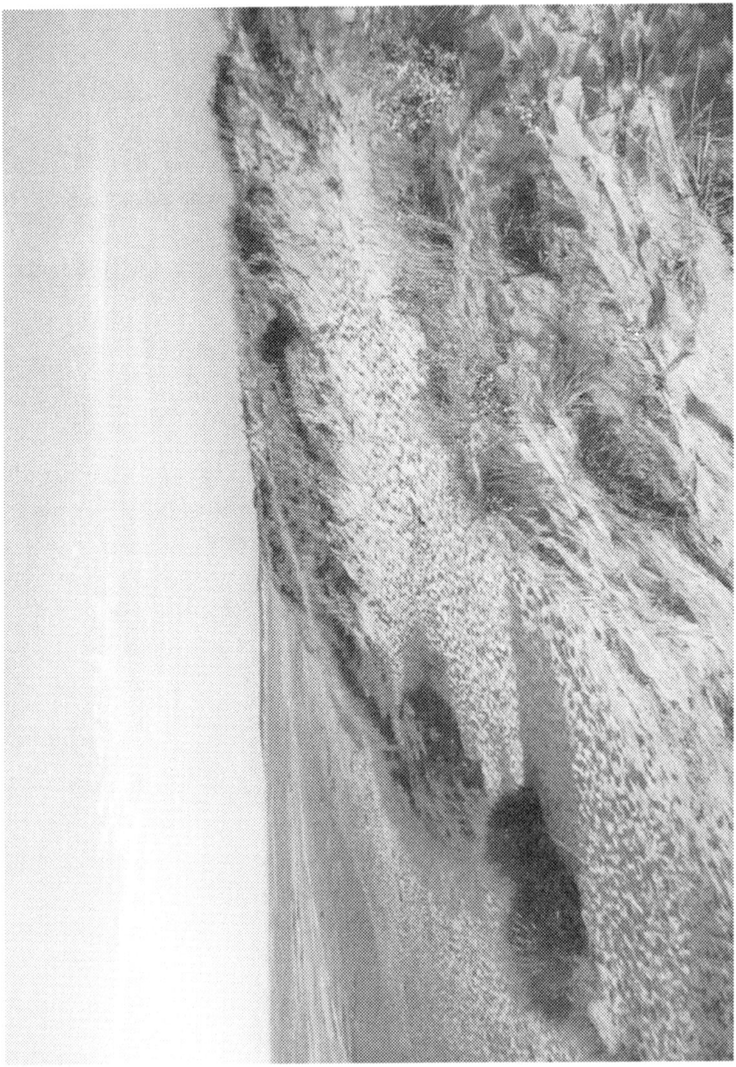

Diese Reise ist besonders angenehm und auch leicht nachvollziehbar, weil die Empfindungen, von denen sie handelt, für die meisten von uns bekannt sind und als ausgesprochen wohltuend empfunden werden. Sie beschäftigt sich auf körperlicher Ebene auch mit der Schwere, Wärme, Atmung und Stirnkühle, jedoch konkretisiert durch einen entsprechenden Rahmen und eingebunden in eigene Erlebnisse oder Phantasien. Die intensive Beschäftigung mit diesen Bildern erhöht die Sensibilität für den eigenen Körper und die angesprochenen Prozesse, fördert die Durchblutung und ermöglicht einigen Abstand vom Alltag.

Strandurlaub

Während Sie nun Ihre Augen geschlossen haben und Ihren Körper spüren,
können Sie die verschiedenen Geräusche und Gedanken kommen und gehen lassen,
und Sie können es sich erlauben,
sich zu erinnern oder vorzustellen, welche Gefühle und Empfindungen Sie haben, wenn Sie an einem warmen Sommertag an einem schönen Strand im warmen, weichen Sand liegen,
angenehm schwer drückt sich Ihr Körper hinein,
wie ein ideales Bett paßt sich der warme, trockene Sand Ihrem Körper an,
verändert sich bei jeder Bewegung mit,
Sand rieselt, kleine Häufchen bilden sich,
die gesunde Wärme des weichen Sandes strahlt von unten in Ihren Körper,
wärmt Sie wohlig bis tief hinein in Ihre Gelenke,
die Sonne scheint, wärmt Ihren Körper auch von oben,
nur Ihr Kopf liegt im angenehm kühlen Schatten,
und so können Sie es ausgiebig genießen,
einfach nur da zu sein, angenehm schwer und wohlig warm,
die Dinge des Alltags für die nächsten Minuten ein Stück weit entfernt,
in einiger Entfernung ist das gleichmäßige Rauschen des Meeres zu hören,
ruhig und stetig rollen die Wellen an den Strand,
das Wasser verschwindet rasch im feinen Sand,
etwas Schaum bleibt liegen,
vereinzelt Muscheln, Steine, Treibgut,
ein Stück weiter draußen bewegt sich eine farbige Boje im steten auf und ab der Wellen,
ruhig und gleichmäßig bewegt sich Ihr Atem ein und aus,
über die schier unendliche Weite des Meeres weht ein lauer Wind heran,
er trägt diesen charakteristischen Geruch des Meeres mit sich und viel gesunden Sauerstoff,

der Wind streicht sanft über Ihre Haut,
bewegt die Häärchen auf Ihrem Körper
und lagert überall feinste Spuren von Meersalz ab,
der Himmel ist blau, nur vereinzelt sind Wolken zu sehen,
hier und da eine Möwe mit ihren bekannten Rufen,
und so können Sie es ausgiebig genießen, einfach nur da zu sein,
angenehm schwer und warm, ...

... lösen Sie sich nun behutsam aber vollständig wieder aus dieser Erfahrung, bringen ausreichend Erfrischung und Erneuerung mit um sich wohlzufühlen und Sie sind mit dem Öffnen Ihrer Augen wieder ganz wach.

So wie Sie in Ihrer Vorstellung an einem Strand entspannen können, ist auch das Bild einer Wiese zu nutzen. Manche Menschen mögen eher die Eindrücke, die man auf einer Wiese im Frühling oder Sommer bekommt und bevorzugen eine solche Geschichte. Auch mit diesem Rahmen können Sie die Wirkungen der Ruhe auf den Körper beobachten und genießen und gleichzeitig Ihr Bewußtsein für das erweitern, was Sie auf einer solchen Wiese besonders erfreut.

Wiese

Nachdem Sie Ihren Körper nun wieder etwas deutlicher spüren,
und es genießen, daß die Ruhe sich in Ihnen ausbreitet,
können Sie innerlich Ihre Schritte auf eine Wiese lenken, die im Sonnenschein liegt,
Sie spüren unter Ihren Füßen den weichen Boden,
spüren, wie die Gräser und anderen Pflanzen nachgeben unter Ihrem Gewicht,
und sehen, wenn Sie sich umdrehen,
wie sie sich schon wieder aufzurichten beginnen, sobald Sie Ihren Fuß weiterbewegt haben.
Sie lassen Ihre Augen über die Wiese schweifen,
erfreuen sich an den vielen Farben
und finden einen Platz, der Ihnen besonders gut gefällt.
Während Sie dort hingehen,
wird der Geruch der Blumen und der Gräser intensiver,
Sie können sich hinuntersinken lassen, sich vielleicht auf einen kleinen Erdhügel setzen,
genießen die Ruhe und das Gefühl, nichts tun zu müssen,
einfach nur da zu sein.
Vereinzelt stehen Bäume in Ihrer Nähe, Vögel sitzen darin und singen,
die Blätter bewegen sich im Wind, rauschen,
als ob sie sich mit den Vögeln unterhalten wollten,
Ihre Augen finden unter all den Blumen auch eine, die Sie besonders mögen,
Schmetterlinge bewegen sich von Blüte zu Blüte,
treffen sich dort manchmal mit anderen ihrer Art,
ihr Flug ist mal angestrengt, wie Arbeit, dann leicht wie ein Blatt, wenn der Wind sie trägt
und taumelnd, wenn ein Windstoß ihre großen Flügel erfaßt und hineinbläst.
Das gleichmäßig tiefe Summen und Brummen der Bienen, Hummeln und anderer kleiner Nektarsammler läßt Sie etwas müde werden
und Sie folgen dem Bedürfnis, sich mit Ihrer Schwere in das

weiche Bett aus Gras sinken zu lassen, vielleicht mit einer Decke als Unterlage.
Die Sonne scheint auf Ihren Körper, wärmt Sie wohlig.
In dieser Lage genießen Sie es ein Teil der Wiese zu sein für den Moment, spüren die angenehme Schwere und Wärme Ihrer Glieder.
Sie können noch den blauen Himmel betrachten, in der Tiefe einige wenige Wolken,
Raubvögel lassen sich scheinbar schwerelos vom Wind tragen,
und Ihre Augen können sich schließen für einige Minuten tiefer Ruhe und Erholung.
Dabei können Ihre Gedanken abschweifen, Traumbilder kommen und gehen
während Sie ruhig und gleichmäßig die würzige Luft der Pflanzen um Sie herum atmen.

Nach einiger Zeit der tiefen Ruhe haben Sie das Gefühl, nun wieder aktiver werden zu wollen,
Sie setzen sich auf, erfreuen sich an dem Bild, das sich Ihnen bietet,
die Farben wirken nun kräftiger, die Stimmen der Vögel und Insekten sind leichter voneinander zu unterscheiden,
Sie stehen auf und gehen Ihren Weg zurück, im Bewußtsein der Bewegungen Ihres Körpers, bringen aus dieser Erfahrung Erfrischung und Erneuerung mit und sind mit dem Öffnen Ihrer Augen ganz wach.

Diese Phantasie ist dazu gedacht, mehr Zutrauen zu den eigenen Fähigkeiten zu entwickeln und neue Fähigkeiten zu entdecken, bzw. entstehen zu lassen.

Eine Pflanze entsteht

Sie können es sich nun gestatten, eine Phantasie entstehen zu lassen,
die fest verwurzelt ist in der tiefen Gewißheit,
daß es immer wieder Situationen in Ihrem Leben gab und geben wird, in denen Sie bislang unbekannte und vielleicht auch nie vermutete Fähigkeiten in Ihnen entdecken,
so können Sie sich vorstellen, daß in Ihrem Inneren ein Garten vorhanden ist, der Ihre Fähigkeiten, mit den Dingen des Tages umzugehen repräsentiert,
so können Sie das Bild eines Gartens vor Ihrem inneren Auge entstehen lassen
und dieses Bild muß nicht in allen Einzelheiten vollkommen sein,
vielleicht ist es auch nur die Ahnung eines Bildes,
oder mehr ein intensives Gefühl, das durch die Haut in Ihre Wahrnehmung kommt,
oder ein Geruch, denn es gibt so viele Gerüche in einem Garten
und ich weiß nicht, welcher Geruch für Sie eine besondere Verbindung zur Quelle Ihrer Energien hat,
mal deutlicher und mal weniger deutlich
und in diesem Garten, der da in Ihrer Vorstellung entstehen kann,
sind schon verschiedene Pflanzen vorhanden,
und an einer ganz bestimmten Stelle liegt ein ganz bestimmtes Samenkorn

Dieser Samen hat auch einen Namen, er heißt irgendwie fremdartig, aber sein Name klingt schön, berührt Sie innerlich irgendwie ganz zart,
es ist eigentlich gar nicht wichtig, wie die Samenkörner heißen,
sie erfüllen ihre Aufgaben auch ohne Namen,
aber es ist nun mal einfacher für unser Bewußtsein, wenn es den Dingen einen Namen geben kann.
Unser Unbewußtes hingegen erkennt die Dinge auf andere Weise,
so daß wir diese Dinge geschehen lassen
und Sie sich Ihrem Garten zuwenden können.

Dieses Samenkorn hat also einen ganz bestimmten Platz in diesem Garten gefunden,
es soll noch gesagt werden, daß dieser Garten ein ganz besonders schöner ist
mit recht vielen unterschiedlichen Pflanzen.

Und weil Sie nun ruhig geworden sind und Ihren Körper deutlicher spüren,
seine angenehme Schwere und wohlige Wärme,
wollen Sie sich vielleicht noch ein Stückchen tiefer lösen
von den Dingen den Alltags
und sich so tief der Ruhe überlassen,
wie es für Sie optimal ist
um die Dinge, die nun zu einer positiven Veränderung des Gartens führen werden
in aller Ruhe geschehen zu lassen.

Nun können Sie Ihrem Samenkorn Wasser geben, das es dazu bringt, zu keimen,
Wurzeln entwickeln sich dort wo vorher nichts war,
treiben in die Erde,
nehmen Nahrung und Wasser auf,
festigen die entstehende Pflanze,
über der Erde entwickelt sich der andere Teil, Blätter wachsen, ein Stamm sprießt nach oben,
verzweigt sich, Knospen entwickeln sich, daraus farbige Blüten.
Eine schöne kräftige Gestalt entsteht, wächst zügig nach oben, dem Licht und der Weite des Himmels entgegen,
entwickelt sich bald zu einem stabilen, fest und sicher verwurzelten Bestandteil Ihres Gartens.
Sie können es einfach geschehen lassen und sich freuen über die grundlegende Veränderung, die da vor sich geht,
und Sie brauchen nichts weiter tun, Sie können sich einfach zurücklehnen und vielleicht innerlich Däumchen drehen und den Augenblick genießen,
mit dem sicheren Gefühl, daß sich da etwas wesentliches entwikkelt,

das Ihnen viel Freude bereiten wird,
der ganze Garten wird durch diesen neuen Bestandteil insgesamt deutlich kräftiger,
es ist als ob diese Pflanze an diesem Platz ganz besonders wichtig ist, seine Energie und Wärmefülle dem Ganzen zur Verfügung stellt,

und aus den Blüten werden später Samenkörner,
die noch später auf die Erde fallen
und zur rechten Zeit ihren Platz einnehmen werden,
und in der Sicherheit, daß der schöne Garten in Ihnen liegt, jederzeit offen für Sie, damit Sie sich dort ausruhen und kräftigen können,
bringen Sie nun Erfrischung und Erneuerung mit aus dieser Erfahrung
und sind mit dem Öffnen Ihrer Augen wieder vollständig wach.

Mit dieser Geschichte soll es über eine Metapher leichter fallen, Vergangenes abzuschließen, bzw. geringer zu bewerten und sich für Neues zu öffnen. Ein umfassendes Ziel von Entspannungsverfahren jeder Art ist es, zu lernen, loszulassen. Nicht nur um Verspannungen zu reduzieren, sondern auch um innerlich wieder offen zu werden für neue Möglichkeiten, seine Energien einzusetzen (in der Familie, in der Freizeit, im Beruf usw.).

Reise in der Zeit

Während sich Ruhe in Ihnen ausbreitet, können Sie sich vorstellen, mit allem was dazugehört,
Sie sind in einem Zug, am Ende des letzten Waggons und schauen auf die Vergangenheit,
die Dinge, die eben noch neben Ihnen waren, liegen gleich darauf hinter Ihnen und werden immer kleiner,
während sie kleiner werden, verändern sie etwas ihre Formen,
zunächst werden ihre Kanten unscharf, was zur Folge hat, daß Sie die Dinge nicht mehr so in ihren Einzelheiten sehen können,
dann verändern sich die Farben,
die Farben laufen etwas ineinander, es wird schließlich eine neue, eher graue Farbe daraus,
soviel Luft und Dunst liegen zwischen Ihnen und dem was sich da immer weiter entfernt,
und es wird immer kleiner, unwichtiger,
um schließlich in der Ferne zu verschwinden,
anfangs versuchen Sie vielleicht, dieses oder jenes festzuhalten, weil irgendetwas daran Ihnen besonders gefällt, oder aus irgendeinem anderen Grund,
und dann stellen Sie fest, daß es Ihnen nicht wirklich gelingt, festzuhalten,
außer Sie steigen für eine bestimmte Zeit aus
und je weiter Sie fahren und dabei lernen, mit diesen Prozessen umzugehen,
desto leichter fällt es Ihnen, den Augenblick zu genießen, in dem Sie etwas Schönes wahrnehmen,
und so kann es Ihnen zunehmend leichter fallen, die Dinge loszulassen,
auch wenn Sie es nicht gleich bewußt spüren,
weil Sie irgendwann so richtig erfahren, wie groß die Freiheit ist, wenn Sie in Ihrem Inneren Raum gewinnen,
dadurch daß Sie die Räume in Ihnen nicht mehr überfrachten mit eigentlich bereits Vergangenem,
und vielleicht wollen Sie nebenbei auch erkennen, daß es möglich ist, den Zug anzuhalten, um bestimmte Dinge hinauszustellen,

weil der Zugführer ein sehr freundlicher Mensch ist, der sogar auch probeweise weiterfährt,
damit Sie in diesem Schutz einmal das Gefühl erproben können,
wie es so ist, sich von so manchem Ladenhüter versuchsweise - oder auch vollständig - zu trennen, unbeschreiblich ist oft die Erleichterung,
dieses oder jenes endlich ganz hinter sich lassen zu können,
können Sie den Augenblick besser genießen,
sich ganz ausfüllen lassen von den Erfahrungen und Gefühlen, die in diesem Moment wichtig sind,
wichtig, um in Ihrer Entwicklung zu einem gesunden und positiven Menschen die nötigen Schritte gehen zu können,
und so können Sie vielleicht schon jetzt spüren,
wie dieser Vorgang des Los-lassens mehr und mehr Freude bereitet,
und zugleich eine Vorfreude auf das Neue, das nun kommen kann, sich auszubreiten beginnt,
und Sie schließlich ständig begleitet,
wie ein sehr feiner goldener Faden Ihren Weg mitbestimmt,
wie ein Schutzengel, der in dieser wichtigen Angelegenheit immer für Sie da ist - meist unsichtbar, wie es sich eben gehört für einen richtigen Schutzengel - für sie sorgt
und irgendwann, nach einiger Zeit,
lernen Sie vielleicht gerade im Moment
den Zug anzuhalten, ohne die Prozesse zu stören, ohne wirklich stehen zu bleiben
und ich weiß nicht, wie Ihr Zug aussieht
und wer mit Ihnen fährt

Sie kommen so nach einiger Zeit Ihrem Bahnhof immer näher, bereiten sich auf das Ende der Reise vor und sind schließlich wieder ausgeruht und erfrischt zurück in der Gegenwart.

Die folgenden Bücher erscheinen mir zur Vertiefung oder Weiterführung sinnvoll.

✍ **Zur Vertiefung:**

-- Hoffmann, Bernt
Handbuch des Autogenen Trainings
dtv 5. Auflage 1983

-- Lindemann, H.
Überleben im Streß - Autogenes Training
Bertelsmann Ratgeber-Verlag 1973

-- Schultz, I.H.
Das Autogene Training
Georg Thieme Verlag 1987

✍ **Zur Weiterführung:**

-- Borysenko, Joan
Gesundheit ist lernbar. Hilfe zur Selbsthilfe.
Scherz Verlag 1989

-- LeCron, Leslie M.
Selbsthypnose
Goldmann Ratgeber 1987

-- Müller, Else
Du spürst unter deinen Füßen das Gras
Fischer 1989

-- Simonton, O.C., S. Simonton und J. Creighton
Wieder gesund werden
Rowohlt 1985

Anschrift des Autors:

Daniel Wilk
Rehabilitationsklinik Sinnighofen
Im Sinnighofen 4
D - 79189 Bad Krozingen

Abgesehen von Kursen in Kliniken wird das AT vor allem in Volkshochschulen und von Krankenkassen angeboten. Sollten Sie die Adresse eines kompetenten AT-Lehrers in Ihrer Nähe brauchen, wenden Sie sich am besten an den:

Psychologischen Arbeitskreis
für Autogenes Training & Progressive Relaxation
Koogstraße 96
25541 Brunsbüttel

Wenn Sie für die Bewältigung einer persönlichen Belastung einen Psychotherapeuten suchen, können Sie sich außerdem an eine der folgenden Adressen wenden:

Gesellschaft für
wissenschaftliche **Gesprächspsychotherapie** (GWG)
Richard-Wagner-Straße 12
50674 Köln
Tel: (02 21) 25 29 17

Deutsche Gesellschaft für **Verhaltenstherapie** (DGVT)
Neckarhalde 55
72070 Tübingen
Tel: (0 70 71) 4 12 11

Deutsche Gesellschaft für **Gestalttherapie**
und Kreativitätsförderung (DGGK)
Kühlwetterstraße 49
40239 Düsseldorf

Internationale Gesellschaft
für **systematische Therapie** (IGST)
Kussmaulstraße 10
69120 Heidelberg
Tel: (0 62 21) 4 06 40

Milton Erickson Gesellschaft
für **Klinische Hypnose** (MEG)
Konradstraße 16
80801 München
Tel: (0 89) 33 62 56

Verband **Psychologischer Psychotherapeuten**
c/o Bundesgeschäftsstelle des BDP
Heilsbachstraße 22
53123 Bonn
Tel: (02 28) 9 87 31 - 0

Notizen

Notizen

Notizen

Notizen

Notizen

Notizen

Notizen

Notizen

Notizen